T0245823

¡Despierta!...
que la vida sigue

Reflexiones para
disfrutar plenamente la vida

CÉSAR LOZANO

¡Despierta!...
que la vida sigue

Reflexiones para
disfrutar plenamente la vida

¡Despierta!... que la vida sigue
Reflexiones para disfrutar plenamente la vida

D. R. © 2010, César Lozano

D. R. © 2017, derechos de edición mundiales en lengua castellana:
Penguin Random House Grupo Editorial, S. A. de C. V.
Blvd. Miguel de Cervantes Saavedra núm. 301, 1er piso,
colonia Granada, delegación Miguel Hidalgo, C. P. 11520,
Ciudad de México

www.megustaleer.com.mx

D. R. © Víctor M. Ortiz Pelayo - www.nigiro.com, por el diseño de portada e interiores
Fotografía del autor: Marcelo Álvarez

ISBN: 978-607-38-1199-6

Impreso en México – *Printed in Mexico*

A mi esposa Alma, con todo mi amor,
por su alegría de vivir
y por estar siempre conmigo.
A mis hijos, César y Alma,
por enseñarme la auténtica sabiduría
de disfrutar el momento.
A mis padres,
por demostrar su amor y gran fortaleza,
aun ante la adversidad.

Índice

Prólogo

César Lozano es una de esas personas a quienes no necesitas tratar mucho para conocerla bien. Así me sucedió: al ver su sonrisa, su gesto, y su caballerosa actitud, supe de la transparencia de su alma y de su vocación de orientador.

Con el tiempo, a partir de encuentros significativos, aunque ocasionales, he venido confirmando la disposición de César para darle rumbos a la gente, para andar caminos donde se aprende a disfrutar la vida en plenitud, algo que parece simple pero es difícil realizar, ocupados como estamos en el trajín del negocio cotidiano y de la hipocresía social.

Al hablar, César nos ayuda a recordar anhelos, sueños y pensamientos que un día tuvimos, pero que dejamos dormir en algún olvidado rincón de la conciencia. Él agita, pone en punto de ebullición aquello que tanto deseamos encontrar: el disfrute de la vida y de la existencia que, literalmente, hemos desperdiciado por correr incansablemente tras el vellocino de oro, persiguiendo los pesos y los dólares.

César ha encontrado la fórmula al utilizar el don de la ubicuidad, la manera efectiva de multiplicar su presencia y estar en muchas partes a un tiempo: este libro.

El reto de escribir, para quienes somos conferencistas, está en que el texto sea, realmente, una extensión de nosotros mismos. Que recorrer las páginas del libro sea para el lector como vernos y escucharnos, como interactuar con nosotros; es un gran reto porque hablar y escribir son dos procesos totalmente diferentes; sin embargo, César ha logrado un libro tan redondo como sus conferencias.

El libro es él, es César que nos dice: ¡Despierta! La vida sigue. "Despierta, no te quedes dormido enredado en tus problemas, dejándote invadir por el sopor de las dificultades que no puedes resolver, de la angustia generada por todas las cosas inútiles que deseas, que necesitas sólo para deslumbrar a los demás, porque estás obstinado en ser la envidia de tus vecinos".

"No te quedes dormido dejando de disfrutar los mejores momentos de tu vida, perdiéndote de gozar la sonrisa de tus hijos, la caricia amorosa de tu pareja, la alegría de hacer algo por un desconocido".

"No te quedes sumido en el sueño de la desesperanza por no darle sentido a tu vida, por no tener una motivación que sea el motor de tus actividades diarias, por no tener a alguien que te escuche, alguien que te regale un "te quiero". Despierta y date cuenta de que los lamentos, la tristeza y el sopor malsano quizá lo provocaste al no trabajar con constancia, al no confiar en tus capacidades, al no expresar amor a quien te amaba".

Me encantó el libro porque, entre muchas cosas, da al lector, como decía mi abuela: "El remedio y el trapito"; es decir, una idea, una reflexión, una dirección, y el consejo práctico para aplicarlo en la realidad. Sugiere: "vive el presente", luego te explica cómo lograrlo, con qué técnicas puedes desprenderte del pasado o el futuro, para habitar el ahora.

Aquí está el libro de César Lozano listo para ser disfrutado, o quizá sería más preciso decir: aquí está César Lozano convertido en libro, deseoso de entregarte sus consejos, ideas y pensamientos. Llévatelo, adóptalo, consúltalo, léelo y gózalo, porque te aseguro que será el primer paso para dejar de desperdiciar el tiempo en preocupaciones inútiles y en ambiciones vanas, para empezar de una vez a disfrutar intensamente, alegremente, gloriosamente cada día, cada momento, cada precioso instante de la vida.

RICARDO ESPINOSA
Verano de 2005

Introducción

En la práctica de mis bellas e interesantes actividades profesionales, como médico, entrenador empresarial y conferencista, he tenido experiencias —y conocido convincentes testimonios— que me han confirmado lo maravillosa que es la vida. Desde que abrimos los ojos cada mañana, se nos presenta la oportunidad de amar, de hacer el bien, de conocer y controlar nuestras emociones, y diversas posibilidades para cumplir el mandato divino de ser felices.

He conocido personas que disfrutan plenamente su vida, a pesar de que han enfrentado múltiples adversidades, o sufrido penas y desventuras, supieron sacar de ellas fortaleza para entender que la vida sigue. He aprendido que la vida es un regalo excepcional que a todos se nos otorga, que bajo su envoltura guarda nuestras misiones; para conocerlas y cumplirlas, debemos descubrirlas en el andar cotidiano.

Dios nos dio la vida y las herramientas necesarias para construir la propia felicidad, pero nos empeñamos, con nuestros hábitos y costumbres, en hacerla compleja y difícil; incluso llegamos a pensar que es un martirio.

Nos complicamos la existencia adoptando paradigmas dañinos, culpándonos por errores que no cometimos, enfatizando y acrecentando nuestras debilidades, en lugar de enfocarnos en nuestras fortalezas.

Cuando nacemos, despertamos a la vida con el propósito de hacer de ella una historia de amor, de glorificar a Dios. Sin embargo, hay quienes parecen dormidos, pues no logran ver el propósito de estar aquí y dejan pasar la vida sin más, sumidos en la indolencia, ignorando que, de todas las etapas, la mejor siempre será el momento presente; es decir, el aquí y el ahora.

Están dormidos quienes no encuentran la mano de Dios para permanecer firmes ante el dolor y la fatalidad, quienes no pueden pronunciar "te quiero" o "perdóname", quienes no demuestran alegría ni capacidad de asombro ante las cosas buenas de este mundo.

Están dormidos quienes no cuidan su cuerpo ni alimentan su espíritu; quienes no saben adaptarse a sus circunstancias, quienes dejan etapas de su vida inconclusas.

¡Despierta! La vida sigue es una invitación a reflexionar sobre la importancia de dar lo mejor de nosotros mismos, por el bienestar propio y el de los otros; es un himno a la vida, una vida en la que estamos para disfrutar y ser felices. Es una exhortación a valorar lo que tenemos. Es también un recordatorio sobre lo efímero y transitorio de la existencia, para despertar, ser feliz y conservar, siempre, la esperanza.

Deseo de corazón que disfrutes estas reflexiones, y también las técnicas para llevarlas a tu realidad; son técnicas muy sencillas que, te aseguro, serán de gran utilidad para tu superación personal.

¡Despierta!... que la vida sigue.

Vive
el presente

No dejes pasar tus mejores momentos

Una vez le preguntaron a Buda qué le sorprendía más de la humanidad, y él respondió:

Los hombres que pierden la salud para juntar dinero, y luego pierden el dinero para recuperar la salud; por pensar ansiosamente en el futuro, olvidan el presente; de tal forma que acaban por no vivir ni en el presente ni en el futuro; viven como si nunca fuesen a morir y mueren como si nunca hubieran vivido.

Desde hace varios años, he tenido la oportunidad de tratar con personas que dan la impresión de que no viven el presente; dejan que su vida se deslice atormentada por un pasado que, a pesar de todo lo que hagan, no podrán cambiar. Más grave aún es intentar vivir un futuro incierto; esforzarse en escudriñar los laberintos de la mente, tratando de adivinar posibles realidades y desenlaces, perder el tiempo sin lograr reconocer que no podemos saber el futuro y, por tanto, tampoco podemos modificarlo a nuestro antojo.

Vivir en el presente es "estar" con plena conciencia del momento y no quedar anclado a lo que ya sucedió o a lo que está por venir. Vivir el presente es disfrutar el aquí y el ahora. Si se le llama "presente" es precisamente por eso, porque es un regalo, un obsequio que todos hemos recibido al nacer; sin embargo, muchos pasan la vida sin abrirlo, sin disfrutarlo.

Me duele conocer personas que sufren y se atormentan por hechos negativos que aún no suceden y que quizá no sucederán, dejando pasar, mientras tanto, los mejores momentos de su vida.

Quiero que sepas que el momento que vives ahora no volverá, que el reloj de nuestra vida no se detiene sino con la muerte. Mientras llega ese momento, lastimosamente nos dedicamos a llenar nuestras horas con recuerdos, temores, amarguras y estupideces, cosas que nos hieren, que no valen la pena.

Vive el presente, ¡vívelo a plenitud! Vive tu pena, vive tu alegría, vive las situaciones que te ofrece el existir, y hazlo intensamente, porque el tiempo no retrocede, no perdona.

¿Vale la pena desperdiciar minutos irrepetibles aferrados a imágenes del pasado o con miedo de un escenario futuro que tal vez no suceda? ¿Cuántas veces has estado concentrado en algo, como leyendo un libro por ejemplo, cuando te descubres divagando entre recuentos del pasado y temor al futuro? Sucede porque no sabemos enfocarnos, hemos permitido que una mente desordenada nos gobierne; en lugar de controlarla, somos dominados.

Una mente así, dominante y carente de límites, da cabida a pensamientos desestabilizadores que provocan zozobra y desasosiego; por eso, te recomiendo practicar un ejercicio que te permitirá permanecer anclado al presente.

Escoge una palabra, ella será el "ancla" que te mantenga o devuelva al aquí y al ahora; por ejemplo, la palabra *focus*. Lo importante de ella será que, como lo dije, te permita ubicarte y enfocarte en el presente siempre que tu mente comience a divagar.

Cuando tu mente se distraiga en pensamientos "basura" que no hacen más que desgastarte, porque, por más que lo pienses, no puedes hacer nada para cambiar las circunstancias pasadas o predecir las futuras, pronuncia para ti *¡focus!*, y verás que podrás concentrarte nuevamente. Esa es la palabra que he anclado en mi mente y, por años, me ha dado buen resultado.

Cuando mi mente, sin sospecharlo, llega a lugares inhóspitos y me conecta con personas, con situaciones o con transformaciones inesperadas, nace mi esfuerzo por "enfocarme". Las creaciones de mi mente pueden ser fantasmas del pasado, falsos presagios y otro tipo de ideas que sólo me quitan energía. Cuando me encuentro en esa situación, basta con pronunciar un rotundo *¡focus!* para regresar al presente.

Eckhart Tolle, en su libro *El poder del ahora*, recomienda un ejercicio que considero muy significativo, llamado "Observa tus pensamientos", es muy sencillo. En él explica que cuando la mente no está educada, se resiste a vivir en el ahora. Sugiere que cuando ocurra, nos detengamos a ver nuestros pensamientos, cuáles llegan sin invitación y nos quitan energía. Entonces, simplemente hay que observarlos, para luego decirles que no son bienvenidos. El objetivo es convertirnos en observadores silenciosos.

El propósito es educar a la mente, para ello, llénate del aquí y del ahora, mantente anclado y vivirás más feliz. No dejes pasar, como si fueran estrellas fugaces, a quienes iluminan tu vida y desean estar contigo pero que tropiezan con tu indiferencia o sufren tu ausencia. Llénate de vida al permanecer despierto, escuchando, amando, hablando y sintiendo. Vive el presente, escucha con todo el cuerpo, ama con el alma.

He descubierto la gran verdad que encierra una idea que se nos repite constantemente: "Al pasar de los años, nos arrepentiremos, no de lo que hicimos, sino de lo que dejamos de hacer: lo que no bailamos, lo que no dijimos, lo que no disfrutamos, lo que no amamos."

John Lennon dijo: "La vida es lo que sucede mientras estás ocupado en hacer otros planes."

Un lugar llamado
cero pensamiento

¿Lo has visitado?

Me gusta observar a las personas, me llama la atención quienes con su sola presencia, tienen el don de transmitir paz y armonía. He analizado qué tienen de especial, y he llegado a la conclusión de que todas practican algún tipo de disciplina que los ayuda a mantener la calma en todo momento, y eso es lo que proyectan a los demás. Son personas que, con frecuencia, tienen encuentros consigo mismas, encuentros que las llenan de ese Ser Supremo que nos creó y nos habita. Son personas que saben desconectarse del mundo exterior para encontrar el oasis de paz y tranquilidad interior.

En un viaje que realicé a Oriente, sentí una gran emoción cuando entré en un templo budista, donde los monjes entonaban sus oraciones con un fervor y un misticismo impresionantes. No obstante el ruido que, inevitablemente, los cientos de visitantes hacíamos en su lugar sagrado, ellos no se inmutaron, perturbaron o distrajeron; al contrario, permanecieron absortos en ese "trance" que los conectaba con su deidad suprema.

La bellísima sensación de tener la mente tranquila, vacía de reflexiones, es lo que yo llamo *cero pensamiento*. Entrar en ese estado es "estar" sin pensar. ¿Has tenido la dicha de experimentarlo?

El *cero pensamiento* facilita el encuentro con el Ser Superior, quien nos ama como somos; quien nos entiende y nos escucha sin necesidad de que medien las palabras. Y ésta es la sensación que disfrutan e irradian quienes se sumergen en su espíritu y flotan en los lagos de la meditación, quienes practican yoga, quienes recurren a la oración profunda o cultivan otras disciplinas que, a través de diversos caminos, conducen al encuentro con el yo interior.

Los pensamientos dan forma a la realidad, si son positivos, lo tendrás todo, si son negativos, te sentirás mal y estarás inconforme contigo mismo; serás infeliz, tanto, como si padecieras la peor de las miserias. Puedes ser una mujer bella o un hombre muy atractivo, puedes tener todos los atributos para ser alguien magnético: una persona buena, activa, simpática, agradable; pero si tus pensamientos te inyectan energía negativa desde que despiertas y te ves al espejo, tu autoestima será avasallada y actuarás guiado por tu modo de pensar negativo y no por quien realmente eres.

He tenido la dicha de experimentar esa sensación de estar solo conmigo, sin pensar en nada. La he vivido plenamente desde hace tiempo, ha sido tanta su eficacia, que recurro a ella constantemente, sobre todo cuando es tanto el "ruido" de mis pensamientos, que siento que me alejo de mí. Entonces parto a mi lugar *cero pensamiento*; cuando "regreso", estoy listo para vivir el aquí y el ahora, un presente que alimenta mi espíritu y llena mi ser. Es un momento de quietud donde tocas tu alma y sientes la presencia del amor de Dios.

¿Cómo acceder al estado *cero pensamiento*? Es más simple de lo que puedas imaginar, y me alegraría compartir la ruta de entrada contigo, deseo que lo experimentes. Te guiaré a través del camino; si al inicio no lo logras, no te desesperes, la constancia y la disciplina son la clave para realizar y dominar este ejercicio.

Busca un espacio tranquilo y silencioso; si lo deseas puedes escuchar música que te estimule. Mantén una posición cómoda y cierra los ojos. Pon la mente en blanco, vacíala. Visualiza tu color favorito o, si lo prefieres, no veas nada. Verás surgir pensamientos, no huyas de ellos, sólo "obsérvalos", notarás que así como llegaron, desaparecerán. Lo mejor para superar cualquier circunstancia que nos agobia, es dejar pasar aquellos pensamientos que generan angustia.

Si llegan más pensamientos desagradables, concéntrate en tu respiración, regúlala, acompásala, esto los alejará más fácilmente. Siente cada parte de tu cuerpo, siente, no pienses. Notarás, de pronto, que has llegado al estado *cero pensamiento*, a ese lugar de quietud y de paz, donde sólo estás y te llenas de energía. Te reconfortará más que varias horas de sueño y te mantendrá en el "presente". Es una de las sensaciones más maravillosas que existen.

Una persona que vive de forma acelerada encontrará más largo y tortuoso el camino. Quienes de una u otra forma han experimentado disciplinas que controlan a la mente, quienes tienen un diálogo frecuente con Dios, no tendrán dificultad para llegar a este lugar. Deseo que practiques esta técnica, pues te conducirá a un lugar "mágico", y a experimentar la sensación que muchos buscan a través del consumo de estimulantes, aunque lo único que encuentran es dependencia y depresión profunda.

La mente merece descanso no sólo durante el sueño. Visitar el lugar *cero pensamiento* con cierta frecuencia te reconfortará de tal forma, que la carga te parecerá más ligera y llevadera. No es un procedimiento "mágico". Es algo que, para alcanzarlo, requiere de ti constancia y disciplina.

Muchos lo intentan pero, al ver que el ruido exterior dificulta el camino, desisten. Por eso, te pido que no desfallezcas, verás que el esfuerzo y la disciplina serán recompensados. Con el tiempo, podrás llegar y permanecer así con más facilidad.

Si perseveras en este camino, habrás de encontrarte contigo. Quiero que lo logres, porque sé que es algo muy valioso. También deseo que compartas tu experiencia con otros, para que se atrevan y lo disfruten. Por más intenso que sea el "ruido", que nos taladra con recuerdos dolorosos o temores infundados, no podrá tocarnos cuando estemos en el lugar *cero pensamiento*, que nos aísla del acoso y nos introduce en la placentera virtud de vivir plenamente el presente.

Las incongruencias en nuestra vida

Digo que haré algo y hago lo contrario

Las incongruencias en nuestra vida es un tema que abordo con frecuencia en los seminarios que imparto porque, ciertamente, llenamos el día a día de ellas.

¿Qué es una incongruencia? Es, por ejemplo, decir o pensar cómo debe ser algo, pero hacer exactamente lo contrario. Las incongruencias son la primera causa de los problemas; la mayoría afirmamos que haremos algo y hacemos lo contrario; con nuestras acciones, contradecimos nuestro pensamiento y nuestro discurso. Piensas: "te quiero", pero no lo dices. "Amo a mi familia con todo mi corazón", aseguras, pero no le dedicas el tiempo suficiente.

¿Cuántas veces, al llegar a casa de mal humor después de un día lleno de dificultades y frustraciones, nos desquitamos con quienes aseguramos amar más en la vida?

En los velorios, no faltan dolientes que gritan y gimen por la pérdida de un ser amado. Muchos lo hacen por arrepentimiento, porque en su interior saben que hubo mucho que no hicieron, que quedaron pendientes que ya no podrán solventar. Seguramente, se sentirían mejor si hubieran aplicado la poética recomendación de la escritora Ana María Rabatté, quien decía que el amor y las buenas intenciones debían prodigarse y demostrarse "¡En vida, hermano, en vida!"

Cuántos hijos viven lamentándose de lo mal que se portaron con sus padres y de lo poco que hicieron por ellos. No esperes que la vida cumpla con su ciclo y dé por terminada la existencia de alguien a quien amas, sin decirle cuánto significa para ti. No esperes a que te sorprenda la muerte, pues nunca avisa. Actúa ahora.

¿Por qué pensamos que la gente a quien amamos debe darlo por sabido?, ¿que no hace falta decirlo? ¿Por qué cuando le pregunto a los jóvenes si acostumbran decirle a sus padres cuánto los quieren, contestan: "No, pero ellos ya saben que los quiero"?

Los seres humanos necesitamos sentirnos y sabernos queridos, amados. Necesitamos escucharlo, que nos lo expresen lo mismo con palabras que con acciones. ¡Vaya! Hasta los animales, como el perro que mueve la cola, demuestran su felicidad cuando les hablamos bonito y los acariciamos.

Abraham Maslow, un estudioso del comportamiento humano, analizó hace muchos años las implicaciones del concepto "expresar amor". Sus investigaciones lo llevaron a identificar una necesidad común de sentirnos útiles y requeridos por los demás, de ser parte de una familia que nos acepta y quiere por quienes somos. Todos, consciente o inconscientemente, necesitamos afecto, muestras frecuentes de cariño y aceptación. Nuestras acciones, inevitablemente, repercuten en los demás, así que pensémoslo cada vez que optamos por el silencio, en lugar de expresar nuestros sentimientos.

Siguiendo con las incongruencias, cuántas veces "tocamos madera" exclamando: "¡Dios me libre de una enfermedad!" Pero no nos cuidamos de contraerla, mucho menos valoramos tener un cuerpo sano. Comemos y bebemos de todo, sin medir las consecuencias.

¿Has pensado que tu cuerpo es el único instrumento que tienes para vivir?, ¿te has dado cuenta de que cuidamos más las cosas materiales, como un auto, que a nuestro cuerpo? Al automóvil le cambiamos periódicamente el aceite, pero no evitamos la grasa en los alimentos ni la desechamos por medio de ejercicio. La grasa se acumula y daña diversos órganos, genera enfermedades graves como la obesidad, o provoca muertes repentinas. Recomendamos a quienes amamos que se cuiden para prevenir enfermedades, pero no enseñamos con el ejemplo, olvidamos que 90 por ciento se aprende del ejemplo, y sólo 10 por ciento del discurso. Por eso, de nada sirve, por ejemplo, que les exijas a tus hijos que no fumen si tú lo haces; lo seguirán haciendo, a menos que alguien o algo que influya en sus ideas y convicciones los haga desistir.

Queremos vivir sanos y por mucho tiempo, pero no estamos dispuestos a pagar el precio: comer saludablemente, hacer ejercicio, y evitar los agentes agresores que acechan nuestra salud. El cuerpo es vulnerable, lo sabemos, pero no lo valoramos. Es hasta que la salud se ve afectada, cuando añoramos lo bien que nos sentíamos y lamentamos lo mal que tratamos a nuestro organismo.

Las incongruencias se hacen evidentes en los hábitos, también en el modo en que nos relacionamos con quienes compartimos nuestra vida. Qué incongruencia tan dolorosa, reconocer que a quienes más amamos, suelen ser también a quienes más maltratamos.

Una noche fui a cenar a la casa de un amigo. Mientras comíamos, se quejó amargamente de lo rápido que pasó el tiempo, de lo pronto que crecieron sus hijos:

—Mira a Rosita —dijo—, ha crecido mucho, aunque para mí sigue siendo una bebé.

Apenas tiene 19 años y ya anda noviando, cuando supe, le dije: "¡Ay de ese infeliz si te trata mal! ¡Te juro que lo mato si te grita o te insulta! Te puse Rosita para que te traten como al pétalo de una rosa." Entonces entró su esposa y me dijo:

—César, ya le dije que se controle —refiriéndose a su esposo—, pero no me hace caso.

—¡Cállate! —rezongó mi amigo—. ¡No te metas donde no te llaman!

Luego me observó, y me preguntó:

—Tú, ¿qué opinas?

—Creo —le dije cautelosamente—, que hay 90 por ciento de probabilidades, por no decir que 100, de que Rosita aceptará gritos o malos tratos de su pareja, porque eso es precisamente lo que ha visto en su casa. A menos que lo que acabo de ver sea una excepción, claro.

Es una incongruencia desear que la gente sea como quieres; insistir en que se convierta en quien crees que debe ser, a las personas las queremos o no por quienes son. También es una incongruencia que tu discurso sea contradicho por tus acciones. ¿Cómo quieres que tus hijos sean personas que busquen a Dios periódicamente y no sólo cuando tengan necesidades y tribulaciones, si no les has dado ese ejemplo?

Son incongruencias de la vida —abundando en ejemplos—, sentirnos seres perfectos, intocables, que no merecemos ser criticados, cuando criticamos y juzgamos a los demás; no reconocemos sus aciertos, vemos los errores. No hay equilibrio en la balanza.

Es una incongruencia dejar para después o restar importancia a lo que es significativo para nosotros, como trabajar más de doce horas diarias para que no le falte nada a la familia, cuando le falta tu presencia.

Es incongruente hablar mal de la empresa que nos da de comer y hace posible el sustento de nuestra familia; somos incongruentes al no hacer nuestros reclamos y expresar nuestras frustraciones e inconformidades frente a quien debemos hacerlo, en vez de quejarnos ante terceros.

Te invito a realizar un sencillo ejercicio que te será de gran utilidad. Elabora una lista de las incongruencias que reconozcas en tu vida. Analízalas con calma, detecta cuáles te generan problemas en tu trato con los demás.

Puedes dividir tu lista en dos partes: las incongruencias familiares y las laborales. Analiza cuáles son más problemáticas, y cuáles puedes empezar a quitar de tu vida. Hazlo. Es un ejercicio muy simple que te facilitará ser congruente, más auténtico, lo que, tarde o temprano, impactará favorablemente en tu trabajo y en tu familia.

Llénate de verdad, alcanza tu plena armonía reconociendo tus incongruencias. Valora lo íntegro que serás si te comprometes a eliminar cada incongruencia que daña tu vida y la de quienes amas.

Sócrates dijo: "La verdadera clave de la grandeza es ser en verdad lo que aparentamos ser."

La mayor incongruencia

Creer en Dios y vivir con miedo

Durante un lapso de mi vida sentí miedos y preocupaciones sin una razón tangible. Llené mi mente de inquietudes a las que daba gran importancia, al final, resultaban vanas. Vivía con una taquicardia por temores ficticios, incluso, cuando no tenía nada por qué acongojarme, ¡me preocupaba! Me decía: "Si todo está tan bien, es porque algo malo va a ocurrirme", si no, me entretenía preocupándome en encontrar algo que pudiera preocuparme.

No es posible que, sabiendo que la vida es corta y que pasa muy rápido, ocupemos gran parte de nuestro tiempo preocupándonos por cosas inciertas, improbables o ya sucedidas. Nos preocupa el futuro y lo que de él prevemos porque dudamos de nuestra fortaleza y sabiduría para enfrentar lo que está por venir. Después de tantas vivencias y experiencias, he concluido que la incongruencia más grande es creer en Dios y vivir con miedo.

No es posible creer en un Ser Supremo que nos creó, que nos dio inteligencia para ser felices y que nos ama por sobre todas las cosas y, al mismo tiempo, permitir que habiten nuestra mente toda clase de inseguridades, miedos y desconfianza. La Biblia lo dice claramente, en el Evangelio de Mateo (17, 20-21): "Si tuvieran fe, aunque sólo fuera del tamaño de una semilla de mostaza, le dirían a este cerro: quítate de aquí, vete a otro lugar, y el cerro se quitaría. Nada les sería imposible."

No se mueve la hoja del árbol, sin la voluntad de Dios. ¿Por qué vivir con miedo? ¿Por qué dejar que nuestra mente nos gobierne en lugar de ejercer nuestro poder sobre ella? Es un desperdicio que pases los mejores años de la vida temiendo posibilidades futuras. ¡Vive el aquí y el ahora, y enfoca tu fe en aquello que deseas que ocurra!

Pensar en forma positiva o negativa implica el mismo esfuerzo. Si piensas con ánimo, con fe en ti mismo y en lo que haces, atraerás sólo acontecimientos positivos, y viceversa. Abundaré en ello más adelante.

Es una gran incongruencia decir que creemos en Dios, e impedir que actúe en nuestras vidas. Nos dio, además de la inteligencia, el precioso regalo del libre albedrío, comprometedor don que nos da la libertad de pensar, optar y actuar por cuenta propia, o confiar en sus designios.

En ocasiones sentimos y creemos que todo lo podemos, queremos comernos el mundo a puños; creemos que no necesitamos nada de los demás. Olvidamos que somos vulnerables, y que si soltamos la mano de Dios, andaremos titubeantes, perdidos, sin rumbo. Es precisamente la "falta de humildad" ante lo superior, lo que nos lleva a vivir con miedo. Cuando reconocemos que existe una fuerza suprema que nos cuida, que hay situaciones sobre las que no tenemos control, cuando somos humildes, recuperamos la confianza y la tranquilidad.

Si creemos en algo, vivamos esa creencia con firmeza, no seamos tibios y melindrosos. Hagamos de nuestra vida una verdadera obra maestra, en la que la fe en Dios y en nosotros mismos sea la imagen principal.

Habrá muchos problemas para los cuales no tendremos una solución o no estaremos seguros de nuestra forma de proceder; es precisamente entonces cuando necesitamos dejarnos llevar por nuestras convicciones, morales o espirituales: ellas actuarán en nosotros.

Dejemos de creernos omnipotentes, capaces de solucionar todas las desventuras que nos aquejan; dejemos que el universo haga su parte, que las soluciones que no surgen de nosotros, sucedan en el momento propicio.

La vida tiende a fluir positivamente para quienes tienen fe y creen que todo acontecimiento pasa, y todo problema se soluciona o no es problema. Por eso sostengo que la incongruencia más grande es creer en Dios y vivir con miedo.

Mark Twain dijo: "He pasado algunas cosas terribles en mi vida, algunas de ellas sucedieron en verdad."

El árbol
de los problemas

No lleves tus problemas de un lugar a otro

E se día, como muchas otras veces, debía tomar un avión muy temprano. Intenté salir de casa sin despertar a mi esposa y a mis hijos. Estaba a punto de bajar la escalera, cuando oí una vocecita que me dijo:

–¿A dónde? ¿A dónde?

Al voltear hacia la recámara de mi hijita –que entonces tenía cinco años–, me llené de ternura al ver cómo, señalando con uno de sus deditos su mejilla, me pedía un beso de despedida.

Ese acto tan simple me llevó a reflexionar en torno a las situaciones cotidianas que, a pesar de su aparente sencillez, llevan implícitas una gran lección, en este caso, no debemos separarnos de nuestros seres queridos sin despedirnos cariñosamente; mucho menos marcharnos sin haber limado las asperezas generadas por un disgusto. No sabemos si regresaremos.

He observado que nuestra actitud cuando nos vamos y cuando regresamos tiene significativa relevancia para los nuestros. Son actos que permanecen en el recuerdo por años, quizá por siempre, momentos que no se olvidan, así que cuando salgas de tu hogar, no olvides despedirte de los seres que amas. Deja siempre la mejor impresión que puedas, y muéstrales una todavía más grata cuando regreses. Crea un ritual, una rutina, para no meter en casa los problemas que enfrentaste durante el día y viceversa; es decir, tampoco lleves a tu trabajo los problemas de casa.

Recuerdo gratamente una anécdota que me compartieron y que me dejó una gran enseñanza:

La historia del árbol de los problemas

Había un señor que, al volver del trabajo, ponía en práctica un extraño ritual: bajaba de su automóvil y, antes de entrar a su casa, se frotaba las manos en las hojas de un árbol que estaba casi en la entrada. Cuando salía por la mañana, repetía el ritual, subía al auto y partía. Cada día era lo mismo.

Una vecina que se distinguía por su gran curiosidad, no aguantó las ganas de conocer la razón de su singular forma de actuar, así que un buen día, al verlo llegar, le salió al paso:

—Vecino, ¿puedo hacerle una pregunta?

—¡Con gusto, vecina! —contestó el hombre—. ¿Qué necesita saber?

La mujer no desperdició la oportunidad de saciar su curiosidad:

–¿Por qué cuando entra y cuando sale de su casa se frota las manos con las hojas del árbol? Mire cómo lo tiene.

–¡Ah! –exclamó el hombre–. Es el árbol de mis problemas, cuando llego, le digo: "Ten los problemas que tuve en mi trabajo, aquí te los dejo, porque mi familia no tiene por qué saberlos ni preocuparse a causa de ellos."

–¡Qué bien! –afirmó la vecina–. Y ¿cuando se va?

–Cuando me voy –respondió él– le digo: "¡Ahí te encargo a la fiera!"

Esta breve historia me hizo reflexionar sobre lo importante que es llegar y salir de casa con la mejor actitud posible a pesar de las adversidades, así como dar a nuestros semejantes lo mejor de nosotros. Podemos crear algún ritual que nos recuerde que dejamos los problemas donde les corresponde, así, cuando entremos a casa, podremos dar nuestra mejor cara a la familia.

Tengo que agregar que afuera de mi casa no tengo ningún árbol, tengo un rosal. ¡Por supuesto que no voy a frotar mis manos en él! He cambiado la práctica del vecino de frotar las manos en el "árbol de los problemas" por otra: hay un tapete en la entrada, antes de abrir la puerta me sacudo los pies, en señal de dejar ahí los problemas que me acompañen y que afecten la armonía de mi hogar; al hacerlo, digo mentalmente una frase que he hecho propia para "anclar" un hábito favorable: "Me espera la mejor familia que Dios pudo haberme dado, hoy les demostraré cuánto los quiero", luego entro. Al día siguiente hago lo mismo.

Te recomiendo que busques un ritual que te permita recordarlo, para ello puedes usar un tapete, una frase de llegada o simplemente restregar con los dedos la llave de la puerta.

Al entrar, "actúa" como si estuvieras alegre. No es hipocresía, ¡es inteligencia! Es recordar que, seguramente, quienes te reciben esperaban tu llegada.

Antes de iniciar una conferencia, me digo: "Me está esperando el mejor público que he tenido. Hoy daré la mejor conferencia que jamás haya dado". Iniciar así, me ayuda en dos sentidos: me programo en positivo para que suceda y me comprometo a dar mi mejor esfuerzo.

Una señora me decía que ella programaba sus actos durante las mañanas. Cuando salía de la cama y ponía los pies en las pantuflas, pensaba para sí misma: "Hoy daré los pasos necesarios que me unan a mi familia y a Dios."

Un médico que labora en una institución de gobierno también me compartió su técnica: cada vez que ponía su tarjeta en el checador, y escuchaba el sonido que imprimía la hora, se decía: "Desde este momento y hasta mi hora de salida, ofreceré mi mejor cara a los demás y haré mi mejor trabajo". Luego, se iba a trabajar. Me dijo, además, que esta simple técnica lo había hecho más humano y consciente de sus actos.

Los anteriores son ejemplos de recursos que nos permiten recordar lo importante que es dejar los problemas donde les corresponde, transportarlos de un lugar a otro nos complica la existencia y fomenta enemistades. Además, los problemas de otro ámbito de nuestra vida a nadie le importan. Da siempre tu mejor cara, otorga tu mejor sonrisa, muéstrate cordial, sé optimista y verás regresar a ti mucho más de ello.

Repasa tus actividades diarias y reconoce de qué manera puedes, en forma habitual, brindar siempre a los demás lo mejor de ti. Te aseguro que funciona, siempre y cuando lo hagas conscientemente.

Actitud positiva, ¿yo?

Limpiando mis pensamientos... cuidando mis palabras

Una de las incongruencias más grandes que padecí en la vida fue haberme dedicado por mucho tiempo a promover la actitud positiva en la gente y ser una persona altamente negativa.

Era una incongruencia tratar de convencer a los demás sobre la importancia de tener una actitud positiva, mientras yo, por lo general, veía lo malo en lo bueno. Apostaba fervientemente a una de las leyes de Murphy que dice: "Si existe la mínima posibilidad de que algo salga mal, ¡saldrá mal!"

Hubo un tiempo en que me regí por la creencia de que "las cosas malas pasan, lo quieras o no", llegando a vaticinarlas a tal grado que se cumplían. Cuando eso pasaba, afirmaba de inmediato la dañina y chocante frase: "¡Te lo dije!"

¿Cómo cambiar dicha actitud, cuando el pasado ha insistido constantemente, hasta convencerme de que no es posible?

Todos conocemos a personas que han sufrido infinidad de problemas y, sin embargo, no lo denotan, no lo expresan, no lo revelan, sino que viven con alegría a pesar de las adversidades. Llenan la vida de quienes los rodean con un entusiasmo tal, que nos resulta difícil creer que sean auténticos. Entiendo y acepto que en esta vida existen todo tipo de personas, pero es de celebrar a quienes, a pesar de los problemas y las calamidades, conservan una actitud afable y positiva.

¿Cómo lo hacen? ¿Cómo puede una madre que tiene a su hijo enfermo, reír y contagiar con su optimismo a quienes la rodean? ¿De dónde saca fuerza alguien con grandes dificultades, para disfrutar el fin de semana como si todo se fuera a resolver el lunes?

El problema, no tengo duda, no es lo que nos pasa, sino cómo reaccionamos ante ello. El arte de "saber vivir" consiste en no cuestionar cada suceso adverso con un "¿por qué?", sino con un "¿para qué?"

Las personas que tienen actitud positiva cambian su cuestionamiento sobre los acontecimientos, se preguntan: "¿para qué?"

Cambiar una pregunta por otra ayuda a entender que las cosas suceden con una finalidad. Ya sea un proceso de aprendizaje o simplemente recordar que lo que no mata, nos fortalece. Preguntarnos "para qué" ayuda a recordar que la vida no puede ser siempre perfecta y que tarde o temprano nos enfrentaremos a adversidades que nos harán reconocer lo vulnerables y frágiles que somos.

Por mi parte, he llegado a la conclusión de que, a pesar de lo que me suceda, puedo decidir qué actitud asumo.

Recuerdo aquel día en que, viajando por carretera en compañía de un amigo, se pinchó una llanta de mi vehículo.

Mi acompañante dijo: "¡Qué bueno que se dañó la llanta!, necesitaba estirar las piernas."

También cuando, al finalizar una conferencia que impartí sobre actitud positiva, una señora se quejaba amargamente al hablarme de su esposo: "¡No puedo soportarlo! –gemía–. A todo lo que le sucede le encuentra el lado bueno. Si se enferma, dice: 'Está bien, ya era mucho correr para todos lados; es bueno guardar cama de vez en cuando. Además, necesito que me mimen'. Si hay mucho tráfico: ' Ésta es una señal de que debo llegar un poco tarde para hacerla de emoción'. En todo ve algo positivo, por eso, algunas veces ¡me desespero!"

Ese tipo de personas han aceptado que, en la vida, lo importante son las reacciones o las respuestas que tenemos ante lo que nos acontece. Son individuos a quienes Stephen R. Covey considera proactivos en su libro *Los 7 hábitos de la gente eficaz*. Él hace una diferenciación entre las personas que meditan sus respuestas y las que actúan siguiendo sus impulsos, a quienes llama reactivos: "La capacidad de subordinar los impulsos a los valores es la esencia de la persona proactiva. Las personas reactivas se ven impulsadas por sentimientos, por circunstancias, por las condiciones, por el ambiente. Las personas proactivas se mueven por los valores: valores cuidadosamente meditados, seleccionados e internalizados."

No cabe duda de que los valores, en gran medida, influyen en nuestras respuestas y son aquellos que, desde pequeños, nos inculcaron nuestros padres para sobrellevar las adversidades de la vida. Valores como: paciencia, prudencia, constancia y fortaleza son fundamentales para la madurez de un ser humano.

¿Cómo mantener la cordura ante acontecimientos que afectan nuestros planes? ¿Cómo ejercitar o programar a nuestra mente para que tengamos reacciones más positivas ante lo que sucede? Creo que son dos elementos vinculados los que influyen en ello: el subconsciente y los hábitos.

En la mente reside el subconsciente, esa parte que todo se lo cree y que es causante, en gran medida, de nuestro estado de ánimo; por su parte, las actividades pueden convertirse, a fuerza de repetición, en hábitos buenos o malos, pero hábitos al fin. ¿Qué sucede si todos los días ejercitamos nuestros músculos? Tarde o temprano crecerán. Igual pasa con las técnicas para mejorar nuestra actitud: si a diario realizamos por lo menos un ejercicio sencillo, nuestra actitud mejorará.

Comparto contigo cuatro técnicas para incrementar la actitud positiva:

1. *Cuida tus afirmaciones.* Cuando afirmamos algo, las palabras quedan guardadas en el subconsciente y repercuten en nuestra actitud. Cuando esté lloviendo, no digas: "¡Qué feo día!"; mejor di: "Hoy es un día lluvioso". No decretes ningún día como negativo, porque seguramente tendrá esas características.

Sucede lo mismo cuando decimos: "¡Ah, qué torpe soy!". Con ese tipo de afirmaciones, la torpeza se volverá una característica personal, si no es que ya lo es.

En la Biblia, el libro más leído de todos los tiempos, hay una frase que dice: "Lo que piensa un hombre en su corazón, eso es él". En la historia, esta premisa se repite una y otra vez, según lo comprueba el libro de Jim Donovan, *Manual para una vida más feliz,* con las siguientes frases:

"El destino del hombre está en su propia alma", Herodoto (siglo V, a.C.).

"Nuestra vida es lo que nuestros pensamientos hacen de ella", Marco Aurelio (121-180).

"El hombre es lo que él piensa todo el día", Ralph Waldo Emerson (1803-1882).

"Un hombre es literalmente lo que piensa", James Allen (1849-1925).

"Somos lo que creemos que somos", Benjamín N. Cardozo (1870-1938).

"Nuestra propia imagen, fuertemente mantenida, determina esencialmente lo que llegamos a ser", Maxwell Maltz (1899-1975).

"Todos los recursos que necesitamos están en la mente", Theodore Roosevelt (1858-1919).

○ **2.** *Sé agradecido.* Un corazón agradecido será siempre positivo. Al levantarte por las mañanas, ¿qué es lo primero que haces? Entras inmediatamente a la actividad y no dedicas unos cuantos segundos a realizar algo verdaderamente importante: programar tu vida en forma positiva, agradeciendo cada cosa buena que te esté ocurriendo.

Haz una revisión. Repasa todo lo que pienses que debes agradecer: por la vida, por tu salud, por tu trabajo, por tu familia, por la lluvia, por el sol. Gracias por la solución al problema, por la tranquilidad que sientes, por lo bien que dormiste. Agradece a Dios si eres creyente. Si no, agradece a quien quieras, al Universo, a ti mismo, a la suerte, incluso. Da gracias por los bienes recibidos. Con la práctica, te aseguro que agradecerás hasta lo malo que suceda.

○ **3.** *¿Qué hay de nuevo y diferente hoy?* Piensa. Te ayudará a considerar que todos los días tienen "algo" que los hace diferentes. La rutina es persistente en su acecho e impide disfrutar lo bello de la vida. Ir en pos de esos sucesos que para hoy tenemos programados como nuevos, hará que espantemos al fantasma de la costumbre, que tratemos de encontrar qué hay de nuevo y diferente en cada día. ¿A quién veré? ¿Qué haré al salir del trabajo? ¿Qué debo hacer para lograr tal cosa?

Hoy voy a ir al cine. Hoy le hablaré al amigo a quien hace tiempo no he visto. Si no tienes nada nuevo o diferente programado, busca un motivo que haga de este día algo distinto. No dejes que la apatía y la inercia se apoderen de tus horas, de tus días. ¡Rebélate!

4. *Empieza actuando y terminarás creyendo.* ¿Cómo camina una persona alegre? Observa. Sus pasos y sus movimientos son ágiles; sonríe más; saluda efusivamente; mira de frente; sus hombros están hacia atrás; luce erguida, segura de sí misma.

¿Cómo camina alguien triste? Sus movimientos son lentos; mira hacia abajo; mete los hombros: camina encorvada; su respiración es débil. Cuando le preguntas: "¿Cómo estás?", su respuesta es corta y casi inaudible: "Pues estoy, pasándola."

Cuando lo que suceda no es como quieres, ¡actúa! Haz como si todo marchara bien. Nadie quiere subirse a un barco que se está hundiendo. No sugiero que seas hipócrita o falso; es un ejercicio de automotivación. ¿Te sientes triste? Lo que te voy a decir te parecerá algo absurdo, pero es una realidad. Mira hacia arriba. Nadie puede llorar con los ojos hacia arriba; es increíble, pero la depresión disminuye si volteas hacia arriba y si, además, levantas tus brazos por encima de tu cabeza. En esta posición enviamos un mensaje de bienestar a nuestro subconsciente y con eso mejora nuestro estado anímico. Cuando actuamos como si todo saliera bien, el subconsciente lo cree, eso produce en el cuerpo una sensación de bienestar que te ayudará a enfrentar con tranquilidad las adversidades.

Tener actitud positiva es todo un reto. Tener actitud positiva ante la adversidad es verdaderamente un arte. Y, ¿qué intento decir con la palabra arte? Quiero decir que es una destreza que puede adquirirse con base en la práctica. Inicia con esos ejercicios simples que acabo de enumerar y sentirás un notable cambio en tu actitud.

El poeta latino Quinto Horacio F. escribió: "La adversidad tiene el don de despertar talentos que en la prosperidad hubiesen permanecido durmiendo."

¿Qué
te motiva?

¿Quién, qué y para qué? ¿Conoces tu misión?

Todos tenemos algo que nos mueve, algo que constituye el motor fundamental en nuestra vida y que nos impulsa a vivir con más alegría. El problema surge cuando no tenemos bien definido qué o quién nos motiva a dar o a darnos con nuestras acciones.

He concluido que son tres las mayores motivaciones de un ser humano; cuando falta alguna, la motivación desaparece y la vida se complica. Muchos pueden estar entusiasmados por la primera, pero si falta la segunda o, peor aún, la tercera, la motivación no es sólida, sino efímera y temporal.

Las pongo a tu consideración:

¿Quién?

¿Quién o quiénes son esos seres que mueven tu espíritu y te motivan a trabajar? ¿Quién o quiénes son esas personas que te motivan a cambiar o a buscar una superación? ¿Tu pareja? ¿Tus hijos? ¿Tus padres? ¿Hay alguien que mueve las fibras íntimas de tu ser y te lleva a dar tu mayor esfuerzo? Si ya encontraste a ese alguien, la vida tiene un sentido. De nada sirve tener, si no lo comparto con quienes amo.

El quién es importante, pero no es lo único. Muchos tienen cubierto este aspecto, pero carecen de las otras motivaciones; entonces, si por alguna razón esa persona o personas se van de su vida, el mundo se viene abajo.

¿Qué?

¿Qué te impulsa? Probablemente es el aspecto material que mueve a la mayoría de la gente y que hace que ponga entusiasmo en lo que hace. Es ese anhelo de tener la casa de tus sueños, de poder disfrutar la vida en esa propiedad o en ese terreno campestre que tanto deseaste; o adquirir la motocicleta que siempre quisiste. No quiero parecer materialista, deseo ser sincero: lo material mueve y mueve a la mayoría; estoy de acuerdo en que es un espejismo muchas veces temporal, sin embargo, mueve.

Cuando el motor es exclusivamente el "qué", las personas se desilusionan constantemente: llega la casa de sus sueños, ¿y luego?, llega el auto tan ansiado, ¿y después?, regresan de un viaje de ensueño, ¿y qué sigue? Un deseo material, tras ser cumplido, se reemplaza por otro. Sólo así se mantiene la motivación, cayendo, irremediablemente, en el vicio del consumismo.

¿Para qué?

Este tercer factor es el que, desafortunadamente, mueve a la minoría, pero esa minoría está más fortalecida y generalmente incomprendida. ¿Cómo es posible que esté tan motivado, sufriendo tantas carencias? ¿Notaste la forma en que se recuperó de la pérdida de ese ser que tanto amaba? Este tercer factor, que pocos buscan, es ese aspecto trascendente en el que creemos, ese Ser Supremo que mueve las emociones hasta lo más profundo y nos empuja a brindar lo mejor que tenemos.

Es dar mi corazón, porque creo que hay algo superior que mueve mi ser; es el "para qué" de todo, el gran final que espero, el fruto del esfuerzo de mi vida. Llámale Dios, Jehová, Cristo, Mahoma, Buda. Nómbralo conforme a tus creencias.

Conocemos casos de personas que viven con la primera motivación y son felices; el problema se suscita cuando se va o se deteriora una relación. Lo material es superfluo: va y viene. Ayuda, y mucho; pero nunca será un factor único. La tercera motivación es y será la que haga la diferencia; es decir, creer en algo que me permita trascender y saber que mi vida tiene sentido. Es el "para qué" de mi esfuerzo; el aspecto espiritual que me ayuda a recordar que soy alguien que vino al mundo con una misión especial, cuya recompensa será la vida eterna.

Al haber claridad en los tres factores, es más fácil reconocer tu misión personal, lo que viniste a hacer, y lo que da sentido a tu vida. Te recomiendo que busques y mantengas en mente tu misión, recuérdala siempre que necesites tomar una decisión importante en tu vida.

Cuando la misión no es clara ni definida, sobrevienen muchos de los problemas que agobian a los seres humanos en la actualidad. Un adolescente empieza a tomar conciencia de las cosas cuando entiende que viene a este mundo con una misión, una misión trascendente.

¿Cuántas personas caen en depresiones profundas porque simplemente no entienden a qué vinieron y mucho menos encuentran en su interior algún factor que las haga levantarse por las mañanas y cumplir con sus tareas?

Para mí, esa es la razón por la que muchos profesionistas sienten que su vida es vacía y concluyen que sólo trabajan para obtener un salario que nunca les satisface, porque no han encontrado el para qué de sus vidas.

Te pregunto: ¿sabes a qué viniste al mundo? ¿Reconoces tu "para qué"? ¿Cuál es la misión que necesitas cumplir? Cuando lo sepas, encontrarás que tu vida tiene una razón, y esa razón te generará una motivación.

La misión personal debe ser clara, precisa y concisa. Es, en pocas palabras, la respuesta que darías si te preguntara para qué estás en este planeta, como si te preguntaran en qué trabajas.

Me gusta plantear esta pregunta en seminarios de desarrollo personal. Hay quienes contestan inmediatamente; también están los que no encuentran una respuesta en todas las horas de trabajo. Una misión personal fortalece el espíritu al grado de que nos ayuda a encontrar motivos trascendentes para vivir.

Hay personas, cosas o factores espirituales que nos motivan a dar lo mejor de nosotros mismos. Estaremos en problemas cuando esas personas, esas cosas o esa espiritualidad dejen de estar con nosotros. Cuando esa motivación se esfuma, sentimos que el mundo nos agobia y que "nada vale la pena".

Leí recientemente en un periódico la nota de una joven de diecisiete años que se suicidó. Dejó un mensaje póstumo donde explicaba que la vida para ella no tenía más sentido, porque la persona a la que más amaba la había abandonado. Tú, seguramente, conoces historias similares, que se hacen reales cuando el sentido de nuestra vida está depositado en otra persona.

Probablemente has experimentado la sensación de vacío que produce la ausencia de un ser amado, pero fincar nuestra motivación e interés en los otros, o en las cosas, puede darnos felicidad, y generar un inmenso dolor al perderlas. Aunque nos necesitamos unos a otros, una persona no debe ser la única motivación. Busca algo trascendente o espiritual que sea especial en tu vida, que la eleve más allá de lo cotidiano.

Me gusta observar a las personas que se caracterizan por imprimir a su trabajo el sello del buen servicio. En la mayoría, veo un factor en común: tienen muy clara su misión, y les motiva conocer la satisfacción de la gente y su gratitud. Eso las hace sentirse útiles, con propósito.

¿Cuál es ese factor que te motiva a dar lo mejor de ti? No te conformes con estar, encuentra qué te hace sentir vivo y fuerte. Busca esa motivación que está dentro de ti y que hace que soportes afanes que pensabas imposibles.

No te aferres a las cosas materiales, porque generalmente nunca llenan. Al asirnos a lo material, cambiamos el "ser" por el "tener". Nada nos llevaremos, lo único que perdurará de nosotros será nuestro cúmulo de recuerdos, nuestras buenas obras, aquello que nos hizo felices y a quienes hicimos felices.

Ten presente lo dicho por el escritor suizo Jean Petit-Senn: "No lo que tenemos, sino lo que disfrutamos, constituye nuestra abundancia."

Veo
y no tengo visión

Dar un rumbo a nuestra vida...

Helen Keller, quien fue un ejemplo de actitud positiva y superación, a pesar de haber nacido sorda y ciega, dijo: "La persona realmente patética es aquella que tiene la vista pero no tiene visión". No obstante su adversidad, Keller tenía visiones para sí misma que la hicieron percibir con toda claridad su misión, con más entereza y seguridad que muchos que tenían intacto el sentido de la vista.

Ver y tener clara mi misión en la vida; llevar firme el timón de mi nave; definir mi rumbo; tener en mente qué seré y cómo me veré en un año, en dos o en diez, si Dios me da la vida. ¿Cómo quisiera estar? ¿Qué habré aprendido? ¿Qué logros quiero alcanzar? ¿Qué cambios significativos le daré a mi carácter? ¿Qué anhelos quisiera ver realizados cuando esté en determinada edad? ¿Qué malos hábitos habré erradicado de mi vida? ¿Qué sentido pienso darle? Definir este tipo de cuestiones es tener visión.

Visión es eso que los líderes tienen en mente al empezar un proyecto. Una visión del futuro exige tener un rumbo y eso hace factible que pueda predecirse el éxito de arribar a buen puerto.

En una ocasión alguien me dijo que no le importaba verse en el futuro, porque no tenía la vida asegurada: "No depende de mí el estar vivo —me explicaba—. No puedo asegurar que dentro de diez años continuaré en este mundo; por tanto, no vale la pena hacer planes y adelantarme en el tiempo".

Esa es una forma muy convenenciera de escurrir el bulto y justificar una falta absoluta de visión. Obviamente, no podemos asegurar cuánto viviremos, pero no se puede vivir con esa premisa negativa de ver sólo nubarrones en el horizonte, cuando lo que debemos alentar siempre es el alcance de un futuro planeado con optimismo, que incluye la afirmación de que llegaremos a él con salud y prosperidad.

Somos conductores responsables de nuestro navío. No tener una visión definida equivale a botarlo en el ancho mar de la vida, sin saber hacia dónde dirigirlo. En esa circunstancia, cualquier viento parecerá favorable para quien no sabe lo que quiere.

Me atrevo a asegurar que hasta en el proyecto de formar una familia, o, más aún, de seleccionar a la pareja, debemos conocer las características que debe tener esa persona con la que compartiremos la vida.

¿Cómo identificar a quién amar si antes no lo imaginaste? Es una de las razones por las cuales la mujer o el hombre se ciegan, no quieren ver, no aceptan los defectos de quien los oculta al utilizar todos los ardides en su afán de conquistar. Tener claro qué quiero, cómo lo quiero y a dónde voy, facilita la existencia.

Siempre que puedo, sugiero a las mujeres que buscan una pareja que no suban al tren de su vida a un hombre que no tenga definido su rumbo a través de sueños o aspiraciones.

¿Por qué nos resistimos a visualizarnos en el futuro? Por el miedo a sufrir una decepción al no ver cumplido lo que anhelamos; a sentirnos frustrados al no hacer efectivos nuestros planes. Ante esos temores, nos conformamos con ir en pos de metas a corto plazo, y objetivos fáciles de cumplir, esto nos libra de la decepción.

No temas visualizarte en el futuro disfrutando de plena salud y prosperidad. No temas soñar despierto con tener a tu lado a alguien que te ame, con quien compartas tu vida, tus pensamientos y anhelos. Recuerdo una frase que leí: "Cuando sueñas mucho en algo, el universo se confabula contigo para que lo cumplas". ¡Cierto! Creo que la mente y los deseos son imanes que atraen lo que ambicionas. Cuántas veces hemos pronunciado alguna de estas frases: "¡Es lo que siempre deseé!"; "¡No puedo creerlo, desde niño soñaba con esto!"; "¡Eres a quien siempre estuve buscando!"; "¡Es precisamente el color que quería!"; "¡Es exactamente el que estaba esperando!". Así que ten cuidado con lo que deseas porque, efectivamente, se puede hacer realidad.

Visualizar es sintonizarte con tus sueños, percibir todo en sentido positivo. Preocuparse, temer, titubear es lo opuesto, es concebir sólo sueños negativos.

Siente la importancia de desear que lo bueno haya sido preparado para ti, para que tú lo alcances. Los pensamientos negativos atraen eso a tu vida. Si piensas positivamente y visualizas alegría, amor y prosperidad, tendrás muchas más posibilidades de tenerlas.

Oigo,
pero no escucho

"¡Mamá, escúchame con los ojos!"

Eso fue lo que dijo un niño de seis años que afanosamente trataba de contarle a su mamá lo que le sucedió en el jardín de niños, mientras ella, sin prestarle atención, se ocupaba en escoger la fruta y la verdura en el supermercado.

Seguramente has sentido en carne propia lo desagradable que es hablar y saber que no te escuchan. Es una situación que desencanta, que deteriora las relaciones interpersonales. Escuchar es un arte, un admirable arte, y también una destreza que puede ser adquirida.

En un viaje de trabajo, durante el vuelo, se sentó junto a mí un desconocido. Tras presentarnos, entablamos conversación. Por más de dos horas me contó, si no toda, sí gran parte de su historia. Me habló de lo inteligentes que eran sus tres hijos; de lo afortunado que era por haber encontrado a la compañera de su vida; me describió todos sus trabajos anteriores y la gran cantidad de obstáculos que había sorteado a lo largo de 48 años; compartió sus sueños y aspiraciones; habló de religión; se quejó de los gobernantes, de los políticos, y de muchas personas más; criticó a los seres humanos y a su incapacidad de comunicarse; así fue hasta que el avión aterrizó. En todo ese tiempo, no pude articular una frase sobre mí, mi vida, mi trabajo o mis ideas. En la conversación desempeñé el papel de oyente, lo asumí desde el inicio, practicando el arte de escuchar.

Al despedirnos, junto con un apretón de mano, dijo: "De verdad, me caíste mucho muy bien. Eres una gran persona. Me siento muy contento por haberte conocido, por cierto, ¿cómo te llamas?". ¿Haber conocido? ¡Pero si él no me conoció! Yo me enteré de casi todo su árbol genealógico y hasta de su tipo sanguíneo, ¡pero él no supo nada de mí! Este encuentro me llevó a reflexionar dos cosas: la primera, la gran necesidad que tenemos de sentirnos escuchados; la segunda, lo importante que es escuchar con el cuerpo.

¿Qué es escuchar con el cuerpo? Es incluir en la escucha el cuerpo entero, asentir con la cabeza; ver a los ojos; estar en sintonía con el tema que trata nuestro interlocutor; utilizar frases que lo estimulen a seguir con la conversación; hacer que se sienta importante. Quienes desarrollan el arte de escuchar y la virtud de saber conversar, poseen una especie de imán que atrae a las personas; su carisma se incrementa y se convierten en centros de cualquier conversación.

En la institución donde trabajé por más de diez años, conocí a una persona muy querida y admirada por todos, pues estaba siempre dispuesta a escuchar y lo hacía con interés y atención. En poco tiempo se convirtió en el paño de lágrimas de la mayoría, incluyéndome a mí. Íbamos a contarle nuestras penas, problemas y decepciones. Él siempre estaba dispuesto a escuchar, y nuestras cargas se aligeraban después de contarle; sin embargo, nunca nos decía qué hacer, sólo nos escuchaba y al final, sentenciaba: "Bueno, sé que harás lo más conveniente. Dios aprieta, pero no ahorca, eres capaz de sobreponerte a esto y a más". ¡Y ya!

En lugar de decirte qué debías hacer, te preguntaba cosas que te llevaban a encontrar el camino a seguir. De él aprendí, además, que no hay que dar un consejo a quien no lo pide. Tras hablar con él, sentíamos consuelo; parecía que con sólo desahogarnos nos llegaba el alivio. En la oficina era común oír a la gente comentar: "¡Qué bueno que platiqué con él!".

Pero insisto él no aconsejaba. No. Sólo escuchaba, asentía con la cabeza en señal de que entendía; hacía preguntas relacionadas con el tema. Esa era su gran virtud. El señor Sánchez –de grato recuerdo– era un ser dispuesto a escuchar, lo que le valió ganarse el aprecio y el respeto de todos.

Analiza tu capacidad de escuchar y haz una sincera evaluación. Pregunta a quienes te conocen si han visto en ti esa virtud, ese arte. Acepta el veredicto y las sugerencias que te hagan.

Si quieres más seguridad evalúa tu capacidad de escuchar, respondiendo las preguntas:

○ **1.** ¿Te resulta fácil mantener contacto visual con quien hablas?

○ **2.** ¿Haces movimientos o pronuncias palabras breves en señal de que estás comprendiendo a tu interlocutor?

3. ¿Evitas interrumpir o poner frases en la boca del ○ otro?

4. ¿Demuestras sintonía o empatía, imitando los movi-○ mientos, emociones o sentimientos de tu interlocutor?

La respuesta a la pregunta 4 es fundamental. Hacer sentir al otro que entiendes y compartes su alegría al escucharlo por medio de una sonrisa, o bien, su tristeza o asombro durante la conversación, es muy valioso. Si agregas a tu personalidad el maravilloso hábito de la capacidad de escuchar, tus relaciones se verán multiplicadas.

En una ocasión escuché a alguien decir que Dios nunca se equivoca. Que escuchar es más importante que hablar. Por eso nos dio dos orejas y una sola boca: ¡para escuchar el doble de lo que hablamos! Un proverbio chino dice: "Quien mucho sabe, no habla; quien mucho habla, no sabe."

¿Cómo soportar la carga?

*Lo importante no es lo que sufres,
sino cómo lo sufres.*
Séneca

¿Quieres conocer alguna fórmula que te ayude a aguantar la difícil carga que dices llevar? ¿Quieres poner en práctica un hábito que te aligere el peso y te permita ser más tolerante en ciertos momentos o con ciertas personas que te agobian? Compartiré contigo un recurso práctico y útil que, además, te impulsará a cosechar amor en tu existencia: ofrece vivir ese día difícil, ese agobio, esa carga, por alguien.

Escoge quién "merece" o "tiene el honor" de que le ofrezcas tu día; quizá sea un familiar, un amigo, o hasta un desconocido. Alguien a quien hace mucho no ves y que, sin embargo, recuerdas. Puede ser el damnificado de una guerra o de alguna catástrofe natural, esa persona a quien viste por televisión y cuyo dolor te consternó.

Ofrecer tu día a alguien te ayudará a ser más paciente, a agudizar tu sensibilidad para tolerar y no dar mucha importancia a los sucesos que te agobian. Te facilitará encontrar un factor más trascendente que haga que la carga que te oprime sea más ligera.

Nunca estaremos exentos de enfrentar problemas; por ello, si los convertimos en una ofrenda por alguien, será como fertilizar el campo de nuestras acciones y siempre germinarán buenos frutos en recompensa.

En una ocasión, me sentía presionado por las múltiples actividades que tenía que llevar a cabo; para colmo de males, me esperaba el encuentro con una persona que me resultaba desagradable, pero que ejercía mucha influencia en un proyecto importante de trabajo, cuyo éxito era muy significativo para mí.

Esa mañana, apenas había salido de la cama y ya estaba malhumorado e irritable. Cualquier cosa que me acontecía y que era contraria a mis expectativas, significaba un puente para maldecir y quejarme de lo injusta que era la vida con la gente "buena", entre la cual, desde luego, me contaba. El trayecto de mi casa a la oficina me ofreció un sinfín de oportunidades para agredir a quien tuvo la desventura de atravesarse en mi camino.

Al llegar a una esquina, la luz roja del semáforo me detuvo y observé entre los automóviles a una ancianita que exponía su pellejo ofreciendo chicles a los conductores. Su aspecto era muy humilde, y su figura, menudita y frágil; sin embargo, su expresión y su sonrisa, aunque de escasa dentadura, irradiaban seguridad, complacencia, amabilidad y gratitud para quien le tendía la mano.

Su ejemplo fue una campanada de alerta para mi ego y para mi vana desesperación, por lo que le dije a mi corazón:

"Mira eso; y yo me quejo. Reniego de tener tantas actividades y de la necesidad de tratar con personas que, aunque me caigan bien o mal, de una forma u otra siempre estarán en mi vida."

La experiencia me llevó a pensar: "No puedo hacer nada por esa mujer, ni siquiera acercarme a ella por el tránsito caótico, pero sí puedo ofrecerle mi día. Por ella, no daré tanta importancia a las incomodidades que se me presenten, porque tengo un motivo, un porqué. Quizá no volveré a verla, pero tendré en mi subconsciente la consigna de que lo que tenga que soportar, lo que emprenda, lo que haga en este día, lo ofreceré a Dios para que a ella la bendiga y a mí me dé paciencia."

Ofrece tu día por alguien. Cuando no encuentres la manera de consolar a quien sufre, sólo dile: "Quiero que sepas que mañana, lo ofreceré a Dios por ti."

Ofrecer tu día a Dios por alguien es pronunciar con hechos una oración, es pasarle a Él parte de la carga que tienes que sobrellevar y, además, encomendarle a una persona que lo necesita.

Por más de una década, he tenido el gusto de conducir un programa de televisión por medio del cual solicito ayuda a la comunidad para solucionar casos de personas con diferentes carencias, enfermedades o infortunios; personas que, mediante una investigación por parte del departamento de trabajo social de Cáritas de Monterrey, demuestran que no tienen a quién recurrir.

En una ocasión me hicieron una pregunta que me hizo reflexionar. En todo el tiempo que llevo al aire, de todas las historias de niños y adultos necesitados, ¿cuál me ha conmovido más? ¿Cuál me ha marcado de tal forma que me hizo más sensible? La pregunta me sacudió porque todos los casos, de una forma u otra, han impactado mi vida en mayor o menor escala. Pero no puedo olvidar uno que llegó a lo más profundo de mi corazón.

Ella tenía diez años, se llamaba Esperanza, era invidente de nacimiento y solicitaba una máquina de Braille para poder leer. No puedo olvidar la rapidez con la que el público donó a través de las más de cuarenta líneas telefónicas el dinero para la máquina. No borro de mi mente su sonrisa cuando aplaudimos todos en el estudio porque su caso se había solucionado; sin embargo, mi impacto mayor fue cuando le pregunté, tras ver su sonrisa: "Dime Esperanza, ¿eres feliz?", y ella respondió: "¡Inmensamente feliz doctor!"; "¿por qué?", le cuestioné, ella amplió su sonrisa y dijo: "Porque Dios es muy bueno conmigo. Porque la gente ha sido muy buena conmigo. Soy muy feliz". No puedo ni quiero borrar de mi mente su sonrisa, ni sus palabras.

Es por eso que te pido, cada vez que alguien, o tú mismo, afirme que la vida es muy difícil, pregúntale, y pregúntate, comparada con la de quién. ¿Por qué lo digo? Porque después de exponer tantos problemas: enfermedad, abandono, pobreza y desesperanza, he descubierto que no tenemos derecho de quejarnos de lo que nos pasa. Sea poco o mucho, somos afortunados por tener lo que tenemos.

Conocer y tratar con personas que padecen diversas adversidades me ha llevado a compararme y a ubicarme cuando pienso o creo que soy el único que tiene dificultades.

Cuando tenemos un problema grave, conocer o saber de otras personas con privaciones o enfermedades más dolorosas, consuela y alienta, de tal manera que podemos aceptar que la vida es una cadena de dichas y desventuras, y que siempre habrá una forma de sobrellevarlas.

La carga que, de una u otra manera llevamos a cuestas, se aligera cuando conocemos gente que soporta problemas más pesados y que, sin embargo, es feliz o intenta serlo, y muestra una gran fortaleza. Sentimos que nuestros sufrimientos "se achican" cuando conocemos las historias de quienes han dejado testimonio de entereza, fortaleza y resignación ante las adversidades.

Nada ganamos con quejarnos, no lloverán soluciones por ello. Si somos incapaces de enfrentar nuestros problemas y dificultades con ánimo, ¿cómo queremos que quienes nos rodean o quienes dependen de nosotros tengan aplomo para enfrentar con ánimo las adversidades?

Necesitamos ¡actuar! Soportar la carga hasta librarnos de ella; afirmar: "¡Yo puedo!", aunque lo dudes, a fuerza de repetición terminarás por creerlo y por hacerlo realidad. Darse por vencido es dejar que la desesperanza se apodere de ti, y que la carga se haga cada vez más pesada.

¿Sabes cuándo hace fiesta el diablo? Precisamente, cuando ve que pierdes la esperanza; cuando dices: "Y ahora, ¿qué voy a hacer? Esto no tiene remedio". El eterno enemigo se trepa sobre tu carga para que la sientas más pesada, aprovechándose de tu falta de fe y de confianza.

Guardar una ilusión es dejar encendida esa lámpara que puede iluminarnos en la oscuridad temporal.

Nicolas-Sébastien Roch, escritor francés, dijo: "La naturaleza ha concedido las ilusiones tanto a los sabios como a los locos para que los sabios no fueran demasiado desgraciados por culpa de su sabiduría."

Todos cargamos una cruz que puede tomar diversas formas: personas que nos ofenden o molestan, enfermedades, traumas, trabajos pesados, problemas legales o económicos, falta de amor, vicios, y muchas vestiduras más; pero todos, absolutamente todos, llevamos nuestra cruz.

Cuando pensamos, refiriéndonos a cierta persona: "¿Qué problemas puede tener él, o ella, si nada le falta?", ignoramos que nadie, sin importar su condición, está exento de problemas.

El doctor Viktor Frankl, quien vivió los horrores de la guerra al ser recluido en un campo de concentración, aprendió que durante la adversidad es necesario reenfocar los sueños. No permitir que la adversidad mate los anhelos; si es necesario cámbialos, pero no claudiques. Él escribió: "Si no está en tus manos cambiar una situación que te produce dolor, siempre podrás escoger la actitud con la que afrontes ese sufrimiento."

Analiza tu vida y encontrarás que 90 por ciento de ella está colmada de bendiciones, no te enfoques en sólo 10 por ciento de lo que representa el peso de tu cruz. Apóyate en tus fortalezas, no en tus debilidades, y verás que la carga se tornará más ligera.

¿Una ofensa es un regalo?

¿Por qué aceptamos la basura que nos dan?

E n el disco compacto *Por el placer de vivir*, que tuve el gusto de grabar, hablo brevemente sobre algo que considero un padecimiento común: siempre habrá personas que nos pongan trabas y piedras en la senda de nuestra vida.

¿Qué tenemos que hacer para lidiar con seres que continuamente nos ofenden con hechos o palabras? ¿Hay alguna técnica que nos ayude a evitar que esas ofensas nos desanimen y nos quiten la energía que nos es indispensable para vivir con armonía?

Cada vez estoy más convencido de que, cuando alguien nos ofende, nos está ofreciendo un "regalo". Si tú no aceptas un regalo que alguien te ofrece, ¿a quién le pertenece? Obviamente, a quien lo ofreció. ¿Qué les dices a los niños cuando se quejan de que alguien los ofendió?: "¡No le hagas caso!", y si lo haces, ¿por qué tomas en cuenta a quien te ofende?

Al aceptar una ofensa la hacemos parte de nuestro ser. Le damos demasiada importancia, tomamos el "regalito" y se lo mostramos a cuantas personas encontramos, diciendo lastimosamente: "Mira lo que me regalaron. Me dijeron que yo era esto y lo otro. Además, yo no le di motivo y me siguió regalando esto y lo otro". Y la pregunta es: ¿por qué aceptas la basura que te dan? Si no mereces el "regalito", mentalmente di: "¡Ese regalo no es mío! No lo acepto". Déjalo ahí, como no te pertenece, que se lo lleve otro, o que lo conserve quien te lo dio. Para un agresor que fastidia por el placer de lastimar, lo que más le molesta es la indiferencia.

Seguramente conoces personas que afanosamente buscan el error en los otros, buscan fastidiar y generar molestia, malestar; el arma más letal para las personas de este tipo es la indiferencia, que no se les preste atención, sentirse ignoradas. Las enfurece observar que, a pesar de la ofensa, sigues de frente.

No hagas caso a palabras impregnadas con el veneno de la crítica insana. Escucha, sí, y mantente atento a sugerencias constructivas que te ayuden a mejorar tu vida, tu forma de ser. Hazte inmune a la sarna de las ofensas que molestan y desmotivan. Toma las palabras de quien vienen e ignóralas, no conviertas a tus agresores en estrellas de la película de tu vida.

La indiferencia es uno de los males más graves que afectan las relaciones humanas, destruye al amor y, paradójicamente, es también un arma fundamental para aniquilar a los necios.

Tú decides qué "regalos" recibes y de quién, si lo aceptas completo, o sólo parte de él; si es así, explica: "Acepto el regalo, pero no la envoltura", lo que significa: "Acepto lo que te molestó, pero no la forma en que lo dices."

Sé precavido en recibir halagos; algunos pueden ser "regalos" encubiertos.

Tratar con gente difícil es todo un arte que puedes desarrollar si fortaleces previamente tu autoestima, y si evitas esos "regalos" que te ofrecen con el único afán de hacerte sentir menos. Y, a propósito de este tema, quiero recordar la fábula de los sapos:

Dos sapos estaban en la orilla de un estanque. De repente, vieron a una luciérnaga que volaba cerca de ellos; uno de los sapos le dijo al otro:

–¿Qué le ves? ¡Nosotros no comemos luciérnagas!

Pero el sapo seguía viendo a la luciérnaga. Nuevamente, su compañero le preguntó:

–¿Qué le ves?

–Nada –contestó el sapo–.

Al día siguiente, apareció otra vez la luciérnaga y el sapo la atrapó con la boca, la masticó y la escupió.

–Pero, ¿qué hiciste? –preguntó el otro sapo alarmado–. ¿Por qué la mataste?

–¡Porque brilla!

Ten en cuenta que el brillo que emites, puede dañar los ojos sensibles e irritables de los "sapos" que te rodean.

afirmara que 100 por ciento de lo que hago me gusta y lo disfruto. En ese caso, la conciencia plena de una vida con ciclos entra en acción: "¿Cómo lograr que mi trabajo me guste más? ¿Qué cambios o acciones puedo realizar para sentir la satisfacción de disfrutar lo que hago?". Cierra ciclos si es necesario; cambia de rutina; mueve el escritorio de lugar, si lleva más de diez años ahí; cambia tu forma de tratar a los demás; empieza por cosas pequeñas para que no signifiquen un problema para ti.

¡Tira la vaca al precipicio! Me gusta contar esta historia en las conferencias donde abordo este tema, lamentablemente, desconozco al autor:

Había un gran maestro que, en compañía de uno de sus discípulos, visitaba comunidades muy pobres y entregaba bolsas con alimento a quienes veía que más lo necesitaban.

Llegaron a una casa en la que la pobreza era notable. Se anunciaron en la puerta y se asomó una mujer con notorios signos de desnutrición. El discípulo se consternó al ver la escena completa: una casa casi desmoronándose, y sus moradores inmersos en una pobreza impresionante.

—Señora —dijo el maestro—, le traemos este frijol y este arroz que de algo le han de servir.

—¡Gracias, señor! ¡Bendito sea Dios! —respondió la mujer—. No se imagina cuánto necesitábamos mi familia y yo esta ayuda.

—Señora —agregó el maestro—, ¿qué les ha pasado?

—Mi esposo se dedicaba al campo —contestó llorosa— y mis hijos le ayudaban; pero, no ha llovido desde hace tiempo. Ahora no tenemos ni para comer.

—Entonces, ¿de qué viven? —preguntó el maestro.

—Gracias a Dios tenemos aquella vaca que está pastando en la colina. De la leche que nos da, nos tomamos un poco, y el resto la vendemos entre nuestros vecinos. ¡Bendito sea Dios que tenemos esa vaca! ¿Qué haríamos sin ella?

El maestro enfocó la vista hacia donde estaba la vaca. Se quedó pensativo por un momento y se despidió de la mujer. Se alejó de la casa acompañado de su discípulo, y se dirigió a la colina donde se encontraba la vaca. De repente, le ordenó al discípulo:

—¡Arroje la vaca al acantilado!

—¿Qué? —respondió espantado el muchacho—. Pero, ¿qué me está pidiendo, maestro? ¿Qué no se da cuenta que es lo único que tiene esa familia? ¡Jamás lo haría!

—¡Obediencia! —advirtió el maestro—. ¡Aviente usted esa vaca al voladero!

El maestro siguió su camino sin decir una palabra más. El discípulo, después de pensarlo y siguiendo su consigna de obediencia, y con gran esfuerzo, arrojó la vaca al voladero, después de lo cual, por supuesto, terminó muerta.

Pasaron algunos años y el discípulo no pudo olvidar tan desagradable misión. Un día, se presentó con el maestro y le confesó:

—Maestro, desde aquel día no tengo en paz mi conciencia. He decidido encaminarme a las montañas donde vivía la familia, para enmendar mi error y el gran daño que les causé. No dejo de imaginar la terrible situación que estarán padeciendo.

—No recuerdo tal situación —respondió el maestro—.

—¿Cómo, maestro? —replicó el discípulo—. ¡No puede ser que tan fácilmente haya olvidado una falla tan grave! —Bueno —objetó calmadamente el maestro—, si eso te da paz, ve a buscarlos.

El joven se fue y, al llegar al lugar donde pensaba encontrar aquella choza en ruinas, descubrió una casa bonita, decorosa, limpia. El discípulo se consternó al presentir que, por su infortunio, la familia se había mudado de lugar. Tocó la puerta y le abrió una mujer de rostro amable y sonriente.

—Señora —explicó el joven—, estoy buscando a una familia que vivía aquí y a la que conocí hace algunos años.

—Pero, señor —respondió la mujer—, tenemos más de treinta años viviendo aquí.

—No puede ser —insistió el muchacho—. Yo vine hace años con mi maestro a traer alimento a la familia que vivía aquí, aunque la casa parece no ser la misma.

—¡Ah! ¡Claro que los recuerdo! —aclaró la mujer—. ¡Pase! ¿Cómo olvidarlos?, si ustedes nos ayudaron en tan terrible situación. ¡Fue exactamente el día que se nos desbarrancó la vaca!

—Señora —interrumpió el joven—, precisamente por eso vengo.

—¡No, señor! No se imagina cómo sufrimos mi familia y yo porque con la poca leche que nos daba, subsistíamos, y ya nos habíamos acostumbrado a vivir así. Pero, bendito Dios que se mató la vaca, porque, desde ese día, mi esposo buscó qué hacer. Encontró un muy buen trabajo en el pueblo; mis hijos le ayudan y si usted viera ¡qué bien nos ha ido! ¡Bendito sea Dios que se mató la vaca!

Analiza esta historia y saca tus conclusiones.

¿Eres una persona madura?

"Me controlo, me adapto; mas no me conformo"

La madurez no necesariamente se adquiere con la edad. Recuerdo un episodio en un centro comercial, había un cliente, de esos que sienten que los empleados son sus esclavos, que insultó a la cajera. No supe la causa de su enojo, pero sé que quienes estábamos allí nos quedamos estupefactos al ver cómo alguien, que parecía tener educación, perdía la cordura y el respeto.

La cajera, apenada y consternada, miró al cliente y le dijo: "Señor, mil disculpas por mi error. No es mi intención hacerlo sentir mal. Por favor, disculpe". ¿Quién fue el malo de la película? ¿Quién demostró madurez?

Perdemos control cuando nos sentimos ofendidos o cuando alguien nos contradice; por eso te pregunto: ¿cuándo consideras que una persona ha alcanzado la madurez? Después de mucho reflexionar, he llegado a una conclusión: una persona es madura cuando su personalidad evidencia dos características:

○ **1.** Controla sus emociones de todo tipo: coraje, alegría, miedo. A pesar de los agravios, permanece tranquila, no importa que en el fondo esté furiosa. Mantiene el diálogo armónico cuando los demás están alterados. Disfruta la vida sin dañar a terceros, y no se deja dominar por los impulsos de la euforia.

Controlar las emociones no es fácil, sobre todo en situaciones que alteran la normalidad, cuando hay factores externos que nos invitan a perder la calma, o cuando nos descubrimos impotentes ante la vida.

Cuando decimos que en los viajes se conocen a las personas, es porque en ellos puede pasar de todo; la gente se somete a situaciones adversas en las que aflora la verdadera personalidad de cada quien.

A lo largo de la vida, pasamos momentos en los que nuestra paciencia se pone a prueba. Gana la competencia quien mantiene o "aparenta" tranquilidad en la tormenta.

○ **2.** Sabe adaptarse, sin conformarse, ¿a qué me refiero? He conocido personas con limitaciones de todo tipo y, no obstante, conservan su alegría y optimismo, aunque no estén conformes con su situación.

Se trata de adaptarnos sin conformarnos, para no caer en la "mediocridad". Si ahora mismo no puedo tener un automóvil, me adapto, intento ser feliz, pero no me conformo; deseo tenerlo, entonces, me esfuerzo para que así sea. Si no tengo una pareja que me quiera, me adapto a este estado, soy feliz, pero no pierdo la esperanza, pues haré lo necesario para encontrarla.

Conocí a alguien a quien le había ido muy mal en la vida. Desde niño perdió a su padre y a su madre; sus hermanos y él sufrieron las peores calamidades. Tuvo una infancia muy difícil; sacó adelante sus estudios gracias a su esfuerzo, trabajando y estudiando a la vez. Terminó su carrera, conoció a su esposa, quien falleció en un terrible accidente, dos de sus hijos enfermaron de leucemia, y en tres ocasiones quedó desempleado. Él, a pesar de todas las adversidades, posee un excelente sentido del humor; siempre procura ver el lado positivo de las cosas, su amabilidad y sus detalles con los otros lo hacen siempre apreciable.

Le pregunté cómo mantenía en todo momento esa actitud positiva, y me contestó: "En la vida existen problemas y alegrías. Cuando tienes problemas, tienes dos caminos: te amargas o continúas con esperanza y decisión. He decidido ser feliz a pesar de todo lo que me sucede. He decidido vivir y adaptarme a lo que venga."

Personas así me hacen valorar verdaderamente lo maravilloso que es vivir; me motivan a dar gracias a Dios porque aún hay gente que, con su propia conducta, sabe dar testimonio de lo que es la fe.

Al finalizar el 2004, el animador de televisión Don Francisco entrevistó al cantante y compositor invidente José Feliciano y le preguntó:

–Dime, José, ¿cómo crees que sería tu vida si tuvieras el don de la vista?

El cantante volteó hacia donde se encontraba Don Francisco y contestó:

–Mire, Don Francisco, de verdad que no lo sé, pero así me siento muy a gusto.

A esto le llamo adaptación sin conformarse, porque José Feliciano ha logrado una cantidad innumerable de éxitos; es reconocido en todo el mundo y, además, sabe dar ejemplo de lo que se puede lograr con actitud y entusiasmo.

He aprendido que la verdadera madurez se adquiere con el paso de los años; que la gente mayor disfruta de situaciones y vivencias que antes no tenía; sabe controlar sus emociones y se adapta a lo que le toca vivir.

Analiza lo anterior antes de continuar con la lectura de este libro. Pregúntate: ¿soy una persona madura?

¿Perdonar o disculpar?

Libérate y sé feliz

"**M**i orgullo es inmenso; lo que me hacen, lo pagan. No perdono"; "Perdono, pero no puedo olvidar"; "Para mí, ¡es imperdonable esto! ¡Jamás volveré a confiar en ti!"

Me sorprendo siempre que escucho frases como éstas, que lo único que hacen es abrir más una herida que no ha cicatrizado y provocan una "infección adicional".

¿Es lo mismo perdonar que disculpar? Analiza tu respuesta. Te pregunto: ¿sientes lo mismo cuando disculpas que cuando perdonas? Te aseguro que llegarás a conclusiones como: "El perdón es más profundo y disculpar es más superficial"; "Cuando perdono, olvido; cuando disculpo, no", es válido, pero no son las respuestas correctas.

Cuando entiendo la razón por la que me ofendiste y me hiciste daño, ya sea por inmadurez, inseguridad o lo que tú quieras, te disculpo. Cuando no lo entiendo, te perdono.

No podemos borrar el pasado, pero sí podemos perdonar lo sufrido. Sólo hay dos opciones saludables: perdonar o disculpar, pero cuando no hacemos ni una ni otra, decidimos dejar abierta la herida, somos propensos a que se infecte, y a padecer terribles enfermedades relacionadas con el resentimiento. Hay estudios que lo corroboran.

Creemos que cuando perdonamos liberamos a la otra persona; pero, en realidad, nos liberamos a nosotros mismos. Al tener algún resentimiento destruyes poco a poco tu propia felicidad y la de los tuyos, pues expresas continuamente muestras de odio en contra de alguien. Cada vez que recordamos la ofensa, volvemos a sentir el dolor que nos causaron y la herida continúa abierta.

Cuando disculpamos o perdonamos de corazón, es probable que el agravio se haga presente de nuevo en nuestra mente, pero cada vez nos dolerá menos recordarlo.

Es verdad que perdonar es muy difícil; cuesta mucho perdonar los errores de otros, y también los propios. Nos lamentamos del error que cometimos hace varios años y cada vez que nos acordamos, sufrimos.

Sabrás que has perdonado cuando veas a tu agresor y no sientas malestar; cuando escuches su nombre y sigas en paz.

José Luis Martín Descalzo dice: "Pasarse la vida dándole vueltas a nuestros propios errores, es señal de un refinadísimo orgullo."

Inicia un decidido proceso de perdón en tu vida. Llénate de armonía y perdona. Si la persona que te ofendió bajó del tren de tu vida, cierra los ojos y di: "Donde quiera que estés, te perdono y te libero"; ¿sabes qué pasará?, que te liberarás de esa cadena. Hay ocasiones en las que el agresor ni siquiera sabe que estás ofendido, no sufre, tú sí.

Recupera la armonía en tu vida. Perdona, disculpa, y tu alma estará en paz.

Enfócate
en tus fortalezas

**"Un pez debe ser solamente pez,
un magnífico pez"**

Leo Buscaglia escribió en el libro *Vivir, amar y aprender*, una fábula que me gustó mucho:

Un día, los animales del bosque se dieron cuenta de que ninguno de ellos era el animal perfecto: los pájaros volaban muy bien, pero no nadaban ni escarbaban; la liebre era una estupenda corredora, pero no volaba ni sabía nadar. Y así se analizaron todos. Decidieron, por lo tanto, crear una escuela para mejorar el reino animal y enseñarse mutuamente sus habilidades.

En la primera clase de cómo correr más rápido, el conejo corrió de maravilla y se ganó el aplauso de todos. En la clase de vuelo, subieron al conejo a la rama de un árbol y le dijeron: "¡vuela conejo!". El animal saltó y se estrelló contra el suelo, con tan mala suerte que se rompió dos de sus patas y no llegó al examen final.

El pájaro fue fantástico haciendo acrobacias; sin embargo, le pidieron que escarbara como topo y, al intentarlo, se lastimó las alas y el pico, por lo que ya no pudo seguir volando. Con esto tampoco aprobó el curso.

La moraleja es que un pez debe de ser solamente pez, un magnífico pez, no tiene que ser pájaro, ni sentirse menos porque no puede volar como el ave.

Como padres de familia caemos fácilmente en la tentación de comparar a nuestros hijos: "Aprende de tu hermanita: ella sí se porta bien"; "mira a tu primito, es muy inteligente".

Somos seres únicos e irrepetibles; tenemos fortalezas y debilidades. Enfocarnos en nuestras debilidades afecta la autoestima. Estoy seguro que la mayoría de la gente que cae en depresión es porque quiere ser lo que no es.

Nos educan para ser hijos perfectos; en la escuela nos indican las normas para que podamos ser magníficos estudiantes; la misma sociedad nos exige que debemos casarnos a determinada edad, cuando muchas personas no nacieron para el matrimonio; después de casarnos, nos señalan el prototipo de un matrimonio perfecto, y así sucesivamente. Se nos exige ser quienes no somos.

Creamos una imagen de perfección con el fin de ser lo suficientemente buenos ante los ojos de los demás, imagen que generalmente no alcanzamos. Hacemos todo lo posible por complacer a quienes nos aman; insistimos en ser esa persona que la gente quiere que seamos y, al no lograrlo, nos frustramos.

El problema está en el enfoque que damos a nuestra vida; en nuestro afán de aparentar ser lo que no somos, nos empeñamos en tratar de ser lo que no podemos, en vez de apoyarnos en nuestras fortalezas.

Vemos nuestras debilidades y nos comparamos con aquellos que no las tienen. Analizamos nuestras fortalezas y sentimos que no somos lo suficientemente buenos como los demás. Creamos en nosotros una baja autoestima, que lo único que provoca es quitarnos energía.

Analiza para qué eres bueno; descubre qué es "eso" que te diferencia de los demás y enfoca tu esfuerzo en desarrollar tus fortalezas.

Analiza tus debilidades y verifica cuáles de ellas puedes trabajar en tu beneficio. Determina qué es lo que quieres en tu vida. Analiza si las fortalezas que tienes son suficientes para iniciar, llénate de optimismo y actúa.

Ana Gabriela Guevara, mexicana, campeona mundial de atletismo en 400 metros planos, es muy buena en lo que hace, pero no en remo, o en salto de altura. Ha enfocado toda su energía para desarrollar sus aptitudes, haz lo mismo.

¿Quieres envejecer más pronto? Sigue estos consejos

La única manera de conservar su salud
es comer lo que no le gusta,
beber lo que no le agrada y
hacer lo que preferiría no hacer.
Mark Twain

Envejecer es un proceso natural. Existen pruebas que certifican que el verse joven implica algo del factor genético, en sólo 30 por ciento, el resto, depende del estilo de vida. Hay personas que se empeñan en acelerar ese proceso, como si tuvieran prisa por dar a su cuerpo un desgaste prematuro, un pronto envejecimiento. Si ese fuera tu propósito, he aquí diez consejos que te ayudarán a envejecer rápidamente:

○ **1.** *Vive la vida de forma acelerada.* Esto ayudará enormemente a tu objetivo de acabarte pronto. El cuerpo es una máquina y como tal, tiende a deteriorarse con la sobrecarga de trabajo. Acelera lo más que puedas tu ritmo cardíaco y llénate de ocupaciones y preocupaciones sin descanso. El estrés es ideal para "desbielar" el motor de tu organismo.

○ **2.** *Alimenta tu cuerpo con productos chatarra.* No consumas frutas o verduras, come, no te alimentes. Come lo que sea, sin analizar si lo aprovecharás o no, sin verificar el grado de industrialización del alimento, ni la cantidad de conservadores y de colorantes que lo integran.

○ **3.** *No bebas los ocho vasos de agua recomendados.* Confórmate con los líquidos que tienen los refrescos embotellados que diariamente consumas. No des importancia a que 70 por ciento de tu cuerpo está constituido por agua.

○ **4.** *Sé aprehensivo.* Es infalible. Cultivar temores infundados te ayudará a mortificarte por todo lo que se relacione contigo o que tú creas que se relaciona contigo y pueda afectarte. Piensa que cuando alguien dice algo, lo dice por ti. Toma las cosas en forma personal y haz suposiciones de todo tipo.

○ **5.** *Preocúpate.* Enlista todas las razones que tienes para preocuparte hoy. Si las cosas van bien, analiza por qué. "¡No puede ser!"; "¿Qué mal presagia el bienestar?", no te permitas sentir calma, preocúpate.

○ **6.** *Haz del sol, tu fiel compañero.* No utilices filtro solar cuando te expongas a sus rayos, es para vanidosos. Di que la naturaleza no puede dañarte, el sol es parte de ella.

○ **7.** *No rías.* La risa te ayuda a mantenerte joven. No lo hagas. Ríe lo menos posible, que se te caigan las comisuras de los labios y verás que te acabas y envejeces pronto.

○ **8.** *No aceptes halagos, porque incrementan tu autoestima y te impedirán avejentarte.* Cuando te halaguen por algo, no digas "gracias", sino di que "no es cierto".

○ **9.** *Evita el ejercicio.* ¿Para qué cansarse? Sudar genera mal olor. ¡Aflójate! No salgas de tus hábitos sedentarios. No camines, no trotes, no te muevas, procura pasar más horas frente al televisor.

○ **10.** *No disfrutes del campo ni de las montañas.* El respirar aire puro es magnífico para la salud y eso impedirá que logres en poco tiempo la anciana apariencia que anhelas. Practica todos los vicios alcanzables. Procura estar lo más que puedas en el bullicio de la ciudad, llenar tus pulmones con los fragantes residuos de los escapes de los automóviles, del denso "humor" citadino.

Si eres constante en la aplicación de estos prácticos consejos, verás con qué rapidez tu cuerpo adquirirá esa apariencia rugosa y gastada del envejecimiento prematuro. Si te propones hacer lo contrario, te aseguro que, además de sentirte saludable, tu apariencia lo rubricará.

Todo tiene un precio, y no todos estamos dispuestos a pagar el precio de vernos y sentirnos bien. Vamos con la corriente: "Si todos comen de todo, ¿por qué yo no?". "Mi tía Rosy vivió 98 años y siempre comió de todo y fumaba todo el día". Pero, ¿tendrás tú la misma fortuna? Buscamos en nuestro alrededor a personajes que vivieron como quisieron, que comieron y bebieron de todo, para ponerlos como ejemplo en descargo de nuestros malos hábitos.

Vale la pena reflexionar en torno a lo dicho por Mark Twain: "La única manera de conservar la salud es comer lo que no le gusta, beber lo que no le agrada y hacer lo que preferiría no hacer."

El poder
del pensamiento

He cometido el peor de lo pecados
que un hombre puede cometer:
no he sido feliz.
Jorge Luis Borges

N o cabe duda de que Dios nos hizo a su imagen y semejanza. Somos seres únicos e irrepetibles. Tenemos en nuestro interior un cerebro incomparable, que ni la computadora más sofisticada, rápida y eficaz podrá igualar. Nuestro cerebro, que es capaz de procesar miles de pensamientos y acciones al minuto, nos diferencia de cualquier otro ser viviente y de cualquier máquina. Estamos dotados de fortaleza e inteligencia que nos ayudan a lograr lo que nos proponemos.

Tenemos infinidad de cosas que agradecerle a Dios: salud, sentido común, experiencia, sabiduría, creatividad, autoestima. Tenemos mucho más de lo que merecemos.

Tenemos también algo que nos puede impedir ser felices y disfrutar todo lo que hemos logrado: nuestros pensamientos.

Estos pueden ser positivos o negativos. Son esa serie de sucesos que hábilmente crea nuestra mente para habilitarnos de optimismo y buenos sentimientos, o para destruirnos y hacer que actuemos mal.

¿Te has detenido a escuchar tu "diálogo interno"? ¿Qué cosas acostumbras decirte cuando piensas, por ejemplo, al ir caminando o manejando, o ante cualquier incidente? Son pensamientos que emergen en una especie de conversación realizada en tu interior. Todos pensamos, pero no lo mismo; todos nos decimos razonamientos a nosotros mismos, pero nunca iguales. Al equivocarnos en algo, podemos agredirnos con nuestro pensamiento llamándonos torpes o brutos; y también con nuestro pensamiento podemos ser consecuentes, afirmando frases como: "Todos nos equivocamos"; "Fue un error"; "No siempre las cosas salen bien", y similares.

Ante un futuro incierto tenemos dos opciones: llenar nuestra mente de pensamientos positivos, o alimentarla de presagios negativos. La primera opción me permitirá pensar más profundamente las cosas, visualizar el mejor escenario y examinar formas para que los hechos no se compliquen. Tenemos el poder de decidir si alimentamos la mente con pensamientos positivos o negativos. No obstante, pareciera que nos gusta complicarnos la existencia y tenemos ciertos patrones que nos llevan al sufrimiento.

Si opto por la segunda opción, debo hacer todo un drama de algo que no ha ocurrido; inventar los más terribles escenarios que cualquier productor de telenovelas envidiaría; dirigir a los villanos más crueles que jamás haya visto y hacer de mis suposiciones, las partícipes de la trama; hacer que las circunstancias se ensañen contra mí y sea yo la pobre víctima que nadie quiere y a quien todos desean lastimar.

Dios nos dio la vida para ser felices, no para vivir atormentados y autodestruyéndonos con la preocupación y el temor por cosas que aún no han sucedido y que quizá nunca sucederán, pero que nosotros mismos nos encargamos de instalar en el subconsciente, alimentándolo con pensamientos negativos.

Al leer estas líneas sabrás quién está a cargo de tu pensamiento; quién es el guionista de la película de tu vida; quién decide la trama y hace real tu momento presente. Claro, eres tú, nadie más. No tenemos el poder para cambiar lo que ya sucedió, y el futuro generalmente está sujeto a muchas circunstancias que no dependen de ti.

Si te pido que des cabida en tu mente al pensamiento de que el día de mañana alguien que amas sufrirá un terrible accidente que lo dejará incapacitado, seguramente una desagradable sensación te recorrerá; lo que quiero comprobar es algo que los expertos dicen: un pensamiento provoca siempre un sentimiento; y un sentimiento provoca una acción. Por tanto, ¿de qué depende nuestra forma de actuar? De lo que sentimos. Y, ¿de qué depende lo que sentimos? ¡De lo que pensamos!

Acudiendo a la lógica, si mis actos dependen de mis sentimientos, y mis sentimientos dependen de mis pensamientos, ¿qué es lo mejor que podemos hacer? Obviamente, sanear nuestros pensamientos, para que nuestros sentimientos sean mejores y, en consecuencia, nuestras acciones también lo sean.

Es precisamente eso lo que hace diferentes a quienes tienen el control de sus emociones. Vivir esa diferencia sanea el ambiente interior, limpia nuestra mente de tanta basura que nos contamina y nos invita a tener buenos sentimientos y mejores acciones con nosotros mismos y hacia los demás.

El peor momento para dar importancia a los pensamientos es cuando estamos de mal humor o deprimidos. Esa situación no debe tener cabida en nuestra mente. Creo que ese es el gran secreto de las personas que actúan siempre bien, con optimismo y alegría, con sinceridad y confianza, que las hace verdaderamente felices. Cuando algún pensamiento pretende entrar en su mente, lo califican de inmediato y lo reciben si es bueno, si no, lo desechan, porque además, tomaron la decisión de "reservarse el derecho de admisión".

¿Vives o estás?

Qué triste es simplemente haber estado sin haber vivido

Cuántas personas pasaron por la vida solamente como espectadores, no como protagonistas. Su vida se vio ceñida por tantos problemas sin resolver, que se les olvidó vivir. Estuvieron, mas no vivieron. Una verdadera tragedia.

Coincidimos en que nuestra carrera por la vida es un breve instante, y el ganador será quien haya disfrutado cada momento, y cuya actuación merezca ser reconocida por los demás. Pensamos que la felicidad se encuentra en las cosas materiales, en comprar determinada casa, en poseer el auto que nos gusta, en trabajar en determinado lugar y en un puesto a nuestro gusto, o en lograr unir nuestra vida a equis tipo de persona. Luego nos damos cuenta de que cuando eso se cumple, seguimos vacíos.

Analiza cuántas veces pasaste el tiempo esperando algún acontecimiento, creyendo que, a partir de su realización, ibas a ser inmensamente feliz. Llegado el momento, la euforia fue, efectivamente, inmensa, pero tarde que temprano llegó el desencanto. Con esto no quiero decir que no vale la pena establecer esas metas cortas que solemos trazar para tener o disfrutar algo; eso es fundamental en la vida. Lo que deseo señalar es que nunca deben sustituir a lo que verdaderamente constituye la esencia del "vivir".

Ese fundamental factor que nos da felicidad está en nuestro interior; en nuestra manera de pensar positivamente; en ser agradecidos cuando hacemos el inventario de todas las bendiciones que tenemos; en ver hacia nuestro interior y sentirnos vivos; en sentir euforia por el hecho de querer sentirla y no solamente cuando exista un factor detonante.

¡Qué triste debe ser estar… y no vivir! ¡Qué triste es dejar de disfrutar lo bueno y amable de la vida, por sentirnos aprisionados por circunstancias que, en cierta medida, a todos nos ocurren con menor o mayor importancia! El mal está en pensar y creer que nuestros problemas son únicos, que nada más nosotros sufrimos, que sólo a nosotros nos suceden. Ese es un sentimiento egoísta.

Estamos temerosos y angustiados por pensar en cosas cuya realización no depende de nosotros, y por situaciones que, a pesar de nuestra preocupación, no podremos cambiar. Por estar inmersos en esos temores, nos olvidamos de vivir.

Estar es literalmente eso: "estar" a merced de las circunstancias y de la duda. Estar y no vivir es dejar pasar los mejores años de la vida, sorteando obstáculos y dificultades sin disfrutar cada esfuerzo, cada logro, cada momento.

Una mujer compartió conmigo su filosofía de vida: afirmaba, convencida, que estamos en el mundo sólo para aprender; que todos llegamos a la vida con un disco vacío colocado en la mente, en el que se va grabando lo que vamos aprendiendo; que la mejor manera de aprender de la vida es sufrirla y vencer sus obstáculos. Que podrá considerarse un ganador quien, al final de su vida, haya obtenido más conocimientos. Le expresé que, efectivamente, estaba de acuerdo en que gran parte de nuestra existencia se basa en lo que aprendemos, pero que en ese aprendizaje se involucran hábitos y sentimientos que no deberíamos haber admitido como: odiar, sufrir, lamentarnos, mentir, sentir rencor y remordimiento. Durante el proceso de aprendizaje adquirimos rutinas que no deberíamos haber consentido, pero que quienes nos las heredaron, sin la intención de hacernos daño, también las habían heredado. Es parte de los aprendizajes que no deberíamos acoger y que, sin embargo, hay quienes los convierten en su sello distintivo.

Desde luego que aprender nos fortalece; sin embargo, a esa idea agregaría que con el aprendizaje debemos también renovarnos y tener como objetivo la felicidad. ¿Por qué renovarme? Porque con el paso del tiempo debo ejercer mi libre albedrío y analizar los conocimientos adquiridos; debo hacer un profundo análisis y decidir con cuáles me quedo y cuáles debo renovar. Estoy, pero no vivo, porque sigo acumulando aprendizajes que me dañan, desde convicciones estúpidas como afirmar que Dios piensa como yo pienso, juicio que me hizo daño por mucho tiempo. Dios es amor y me dio la vida para que yo sea feliz y disfrute los dones y bendiciones que me da todos los días. Él quiere que esté feliz siempre, lo dice la Biblia, y no agrega ni un solo "excepto".

Debo adaptarme y mirar hacia adelante, sobre todo si no puedo cambiar determinada situación que me afecta; debo intentar ser feliz con lo que tengo, pero sin conformarme, tal como lo analizamos anteriormente en la reflexión: "¿Eres una persona madura?"

Resumo lo anterior: si tu felicidad está cifrada sólo en factores materiales y de poca esencia espiritual, nunca encontrarás el equilibrio en tus sentimientos y mucho menos podrás sentir que eres feliz.

El cardenal Newman escribió: "No temas que tu vida llegue a su fin, sino que nunca tenga un comienzo."

Cuando nutras tu mente con pensamientos positivos que te hagan vibrar y tener confianza en ti mismo, entonces te sentirás feliz; cuando hayas aprendido a disfrutar un momento de tranquilidad en comunión con tu espíritu, contigo mismo; cuando te provoque placer todo lo que hagas sabiendo que agradas a Dios, entonces sentirás esa gran diferencia entre solamente "estar" y lo que es realmente "vivir".

Los muertos vivientes

"Hay personas que ya están muertas, pero no se han dado cuenta"

Todos necesitamos de todos, aunque a veces lo olvidamos. La vida es como una rueda que gira, en la que unas veces estamos arriba y otras abajo; unas veces debemos dar y otras recibir. En ocasiones somos "clientes", y después nos toca estar detrás del mostrador.

No deja de asombrarme cómo los pequeños o grandes negocios pierden fuertes cantidades de dinero por incluir en sus filas a personas que no saben, y que tampoco les gusta tratar a la gente; son seres que simulan que están atendiendo, pero que no saben lo que es verdaderamente servir; son quienes, por su mala rutina, se olvidan que la mejor carta de recomendación es y será siempre su trabajo actual. Esas personas olvidan la importancia de dar lo mejor de ellas mismas, ofreciendo un buen trato, aderezado con una sonrisa y una frase amigable; no se les ocurre pensar que quizá en otra ocasión, a esa persona a la que ahora sirven, habrán de encontrarla en otras circunstancias y necesitarán de ella algún favor. Hay quienes no tienen la mínima consideración de agradecer o responder un saludo; su escasa o nula actitud les impide dar una información básica y oportuna de lo que saben y dominan, porque no tienen el humor ni las ganas de otorgarla.

Están en el sitio en el que los pusieron, como si los hubieran colocado a la fuerza; les cuesta mucho trabajo expresar un saludo. Desde el inicio de su jornada de trabajo, ostentan una cara más agria que la que produce el jugo de limón con toronja tomado en ayunas; el día se les hace largo, interminable, aburrido, sin más esperanza que la llegada de la hora de salida.

Pienso en ellas como en una especie de "muertos vivientes". Son cadáveres que no se han dado cuenta que lo son y que su hedor afecta a sus compañeros de trabajo. Un "muerto viviente", en un puesto de servicio se identifica por su apatía y tibieza al hablar, saluda por obligación, nunca por sentir gusto al hacerlo. Habla, pero no expresa; su lenguaje corporal es mínimo o indiferente. Se conforma con apenas prestar un servicio, pero nunca con un valor agregado; emite quejas y excusas a diestra y siniestra; maldice su trabajo; reniega de sus jefes, y los clientes le parecen estorbos.

Entiendo que debe haber de todo en la viña del Señor, pero no comprendo por qué los dueños de los negocios, los directores o los gerentes no se muestran preocupados de que sus clientes reciban un trato amable y digno.

La disminución de clientela, las constantes reclamaciones y las malas referencias de una empresa, tienen mucho que ver con el hecho de que esté al frente del servicio un "muerto viviente". Con eso hay.

Actúan como "muertos vivientes" quienes niegan la calidez del trato a sus familiares, a sus hijos y a sus amistades, que generalmente no son muchas. Escatiman abrazos y sonríen con una mueca; no saludan al llegar; no se despiden al salir, a semejanza de los burros que se zafaron del mecate.

Jamás valoran lo que tienen, ni cuando lo pierden; la vida les otorga múltiples oportunidades, pero su apatía les dificulta aprovecharlas; maldicen su mala fortuna, porque no saben que la suerte es la combinación de tres ingredientes: fe, preparación y oportunidad.

Son también "muertos vivientes" quienes, no obstante haber recibido el beneficio de una preparación, una buena educación, se aprovechan continuamente de los demás para poner en marcha la ley del mínimo esfuerzo.

Los "muertos vivientes" son seres mediocres; infectan trabajos y afectan a sus familias; su estancia en el hogar es la de un ser inerte, sin sentimientos ni emociones, inexpresivo, sin alegría, ajeno a un proyecto de vida, sin ánimos de anhelos, sin esperanza, dejando pasar la vida, simplemente "estando" no viviendo.

"La mediocridad posiblemente consiste en estar delante de la grandeza y no darse cuenta", dijo Cherteston, escritor británico.

Pues sí. Siempre han estado muertos, pero no se han dado cuenta.

Somos consecuencia de nuestros actos

Si te ha ido bien, algo hiciste para que sucediera

"Los hombres no deciden por lo más racional, sino por lo que les llena el corazón de resolución y de esperanza". Esto lo escribió Friedrich Wilhelm Nietzsche, filósofo y poeta alemán. Recurro a esta frase considerando la infinidad de veces que tomamos decisiones que impactan, de un modo u otro, nuestro futuro. Tenemos la libertad de decidir en buena parte nuestro destino o dicho en otras palabras: somos consecuencia de nuestros actos y de nuestras decisiones. No cabe duda.

Nos asombramos de lo bien que nos ha ido o de lo mal que hemos estado últimamente; bendecimos, maldecimos o criticamos lo que nos acontece este año, sin considerar que la mayor parte de lo que nos sucede es consecuencia de la forma en la que actuamos. La vida nos devuelve con creces la cosecha de frutos, si sembramos buena semilla en mejor tierra y la cuidamos.

Siéntete feliz si la vida te ha brindado satisfacciones; analiza qué fue lo que hiciste para que esto sucediera; si eso ha funcionado y es congruente con tus valores y principios, repite la acción. Si siembras amor, por consecuencia tu vida se llenará de amor. Si la paciencia y la prudencia son inherentes a ti, llevarás esas virtudes a donde vayas y se desbordarán en paz interior y tranquilidad en tus relaciones interpersonales.

Empieza por hacer más de lo que te ha funcionado y repítelo; evita hacer todo aquello que, de alguna forma, te ha ocasionado malestar; deja de hacer lo que no tiene sentido ni provecho, incluyendo esa serie de hábitos sin beneficio alguno y que sigues ejecutando por inercia; evítalos, sólo perturban la paz de tu espíritu; deja de lado los malos hábitos heredados, al igual que los que tú has aportado, y quédate con los que verdaderamente te han hecho crecer. Modifica tus hábitos, sobre todo aquellos que te destruyen. Hace algún tiempo leí una cita que me gustó mucho, y con ella acostumbraba terminar algunas de mis conferencias, la comparto contigo:

Soy tu compañero constante. Soy tu mejor ayuda o tu carga más pesada. Te impulsaré hacia delante o te arrastraré a la profundidad del fracaso. Estoy completamente a tus órdenes ya que la mitad de las cosas que haces podrías ENTREGÁRMELAS A MÍ Y LAS HARÍA RÁPIDA Y CORRECTAMENTE.

Soy fácil de manejar. Simplemente tienes que ser firme conmigo. Muéstrame exactamente cómo quieres que haga algo y, después de unas pocas lecciones, lo haré automáticamente. Soy el siervo de todos los grandes hombres, pero también lo soy de todos los fracasados. A quienes son grandes, yo los he hecho triunfar; y aquellos que han fallado yo los hice fallar. No soy una máquina y, sin embargo, trabajo con la precisión de una y además, con la inteligencia de un hombre. Puedes usarme para tu beneficio o para tu ruina; a mí me es indiferente. Tómame, enséñame, sé firme conmigo, y pondré el mundo a tus pies; sé débil conmigo y te destruiré. ¿Que quién soy? ¡Soy el hábito!

No todo lo aprendido en la niñez tiene que ser bueno, y menos todos esos fantasmas de culpabilidades alimentadas con amenazas para infundir temores. Es ahora un buen momento para emprender proyectos y acciones nuevas que no te has atrevido a poner en práctica y que sabes que ayudarán a mejorar tu vida.

Atrévete, corre riesgos y deja de ser solamente un espectador para convertirte en el actor o la actriz principal de la escenificación de tu vida. Leí en algún lugar que "quien no arriesga un huevo, nunca tendrá una gallina que ponga más huevos". Examina tus actos y sus consecuencias; observa lo buena y generosa que ha sido la vida contigo cuando has puesto en marcha determinada acción; haz cuenta de lo que has sembrado y cuál ha sido la consecuencia material o espiritual. La ley de la causa y el efecto rara vez falla. Recuerda lo que una vez escribió el físico alemán Albert Einstein: "Tendré el destino que haya merecido."

A cada cual su vida, a cada cual su historia

La gente es como es, y ¡ya!

"¿Por qué mi mamá es como es?"; "¿por qué mi esposa es así?"; "no entiendo cómo puede ser capaz de...". Si tuviéramos las respuestas a estas preguntas seríamos increíblemente sabios, llenos de ideas y virtudes para no cometer las fallas que tanto criticamos. Es un desgaste de energía pretender entender, conocer y criticar las acciones de las personas que nos rodean. La gente es como es, y ¡ya!

Cada persona que tratamos tiene su historia personal que la ha marcado de alguna forma y por eso actúa como lo hace. Eso no justifica la comisión de actos aberrantes que van en contra de la dignidad de cualquier ser humano.

En nuestro continuo ir y venir, nos encontramos con personas que no piensan igual que nosotros y que actúan de tal forma, que no aceptamos su comportamiento y, sin embargo, para ellas es de lo más normal. Cuando estamos en un caso así, nos empeñamos en encontrar las razones por las que alguien es como es. Eso trastoca nuestra armonía interior.

La gente tiene un historial que ha influenciado tanto su vida, que la hace conducirse de manera diferente a la nuestra. Nos negamos a aceptar ciertos actos o hábitos de otras personas; rehusamos convivir con quienes no piensan igual que nosotros y cerramos nuestro círculo en forma dramática, aceptando únicamente actos, costumbres y opiniones aceptables a los ojos de nuestra moralidad.

Me ha beneficiado tener en mente esta frase cuando busco por qué la gente actúa de tal o cual forma: "La gente es como es, y ¡ya!".

No quiero caer en la mediocridad de no entender el punto de vista de las personas, simplemente acepto que no todos piensan como yo y que, como dice el refrán, "cada cabeza es un mundo".

El cristal con el que juzgo es distinto al cristal con el que ve mi esposa y, por lo mismo, su opinión será diferente. Debemos evitar que nuestro egoísmo nos haga creer que el universo gira en torno a nosotros, o que sólo nosotros podemos juzgar y que nuestro juicio es certero.

Somos diferentes, razón incontrovertible y luminosa para entender que la gente actúa como piensa que es correcto, con base en los valores y hábitos que adquirió a lo largo de su vida; su historia personal la hace comportarse de una u otra forma, y si esa manera de ser resulta insoportable para mí, no tengo facultades para insistir en cambiarla. ¡Que siga su camino y yo el mío!

La vida sigue y no debo ni pretendo ser el crítico y juez de quienes, según mi juicio, están mal en la vida. Considera que, en la mayoría de los casos, lo que más criticamos es de lo que más carecemos. Cuando juzgamos a todo el que se nos pone enfrente, nuestra mente sufre un gran derroche de energía.

La tolerancia nos permite vivir en armonía; dejemos que viva "cada quien su vida, cada quien su historia". Si te piden un consejo, si te dan autoridad para que juzgues, hazlo con reservas; habrá personas en las que podrás influir y otras que ni caso te harán, y no por eso dejarás de ser feliz. Considera que nunca encontrarás al ser humano perfecto; no pierdas tiempo, energía y vida intentando cambiar la forma de ser de quienes te rodean. Algunas personas recibirán tu influencia y lograrás algún cambio en ellas, pero la gran mayoría no; simple y sencillamente porque para ellas, no hay nada que cambiar en su forma de vida.

Si verdaderamente quieres lo mejor para un ser querido, para alguien que significa mucho para ti, y te gustaría ver algún cambio en su vida, recuerda la técnica que utilizó Jesucristo con sus apóstoles: sólo los amó y los aceptó como eran. Los apóstoles no eran personas libres de defectos, tenían muchos y muy variados. Veamos algunos ejemplos:

- *Pedro:* pescador irritable. El incondicional de Jesús, y a quien confió el futuro de la Iglesia. Y, ¿qué hizo en el Monte de los Olivos cuando aprehendieron a su Maestro? ¡Le cortó una oreja a uno de los soldados! ¡Y eso que ya estaba capacitado en el retiro espiritual más fabuloso de la historia! Además, a Jesús lo negó tres veces.

- *Juan y Santiago:* ¿Qué hicieron cuando los judíos rechazaron a Jesús y le gritaron consignas y ofensas al llegar a un lugar? Deseaban que cayera fuego sobre los samaritanos; querían agredir, pelear.

● *Mateo:* recaudador de impuestos, lo cual lo convertía en un pecador público; robaba o "cobraba" impuestos a los judíos para darles el dinero a los romanos; era considerado un ladrón, un traidor. Sin embargo, Jesús lo invitó a colaborar con Él.

En otras palabras, Jesús no escogió a sus apóstoles por buenos ni por santos; eran como muchos entre la gente del pueblo. Los aceptó y los amó como eran y esa aceptación y el amor que les demostró los transformó.

Quizá no te sea deseable aceptar o querer a ciertas personas y sí te interese mejorar tu relación con ellas, porque mantienen contigo un trato frecuente. Te recomiendo una técnica que, te aseguro, funciona.

A todos nos halaga que se nos reconozcan nuestras cualidades. Aceptando el principio de que detrás de una persona difícil, hay una historia difícil, cuando trates con alguien complicado, razona por qué consideras que es así; destila las razones por las cuales te desagrada y luego, teniendo en consideración que "sólo las personas de calidad saben ver los árboles en el bosque y las flores entre las espinas", pregúntate: "¿qué cualidades o virtudes tiene esa persona?"; al principio se te dificultará encontrarlas, porque la aversión te complicará verlas, quizá tu primera reacción sea: "¡ninguna!", pero haz a un lado el orgullo y pon atención en sus cualidades, te aseguro que las tiene.

Si tu intención es mejorar la relación con esa persona o hacerla menos hostil, te recomiendo tener en cuenta que la llave de entrada al corazón más difícil es a través de sus cualidades; cuando esa persona siente que le son reconocidas, hasta el corazón más duro se ablanda.

Si no te interesa mejorar la relación, deja que siga su camino, y tú continúa por el tuyo. Ten presente que la gente es producto de tres factores: la herencia, su infancia y sus relaciones.

Acepta que no todas las personas serán como deseas: te adaptas a ellas, las toleras o las ignoras. La gente es como es, y ¡ya!

Esto
también pasará

¡Ánimo, la vida sigue!

Somos impresionantemente inteligentes para hacer que un problema pequeño adquiera un potencial inmenso. Somos "seres pensantes" y por ser poseedores de esa facultad divina, tenemos la capacidad de convertir un suceso insignificante en algo enorme y trascendente, a lo que le damos un final trágico. Escribimos y actuamos por anticipado un argumento plagado de preocupaciones sobre una historia cuyo desarrollo no depende de nosotros, una que quizá nunca suceda.

Reflexiona en torno a tu vida, haz un recuento del tiempo que has depositado en crear problemas en tu mente. Si el resultado es negativo, es conveniente advertir que, sin duda alguna, cuando hayan pasado los años, de lo que más nos arrepentiremos no será de lo que hicimos, sino de lo que no hicimos, de lo que no amamos, de lo que no dijimos.

Es un buen momento para hacer un firme propósito: deja que Dios, el destino, el universo, o como tú quieras llamarle, te ayude a solucionar lo que no depende de ti y para lo que careces de facultades.

Son muchas las situaciones o acontecimientos por los que te preocupas y te molestas, a sabiendas de que no está en ti la solución. Cotidianamente, nos enfrentamos a la disyuntiva de explotar o de calmarnos: sucede cuando un tren queda varado, atravesado en nuestro camino; cuando alguien te pide que esperes y no entiende tu premura; cuando tu urgencia quiere devorar el tiempo y para los demás la prisa no existe; cuando se hace lento el calendario para la solución de un conflicto y no puedes hacer nada. Sólo el tiempo acude con la solución a tu malestar.

¿Alguna vez te has puesto a filosofar acerca de lo que somos en el universo? Somos infinitesimales lapsos de vida, entre miles de millones de años que nos anteceden y otra inconmensurable cifra de los que pasarán después de que nos hayamos ido. No vale la pena desperdiciar la vida en lamentos por problemas cuya solución no está a nuestro alcance.

Todo pasará. Nuestra existencia también. De lo que nos arrepentiremos en el dintel de la muerte será de haber estado y no haber vivido, de no haber sido felices.

La siguiente es una historia que escuché hace años y me impactó:

Hubo una vez un rey que dijo a los sabios de la corte:
—He ordenado que se me confeccione un anillo de oro fino, para ello, escogí uno de los más hermosos diamantes. Quiero guardar oculto en el anillo algún mensaje, algún consejo al que pueda recurrir cuando

sienta una desesperación extrema, cuando me sienta perdido. Un mensaje que, en el futuro, sirva también a mis herederos y a sus herederos.

Tiene que ser un mensaje breve, de manera que quepa bajo el diamante del anillo.

Quienes escucharon la advertencia eran sabios, grandes eruditos que podían haber escrito complejos tratados, pero que consideraban poco menos que imposible escribir un mensaje de no más de dos o tres palabras, que diera una solución valedera en los momentos críticos del monarca. Pasaron largas horas discutiendo, hojearon todos sus libros, consultaron a los magos del reino, pero nada se les ocurrió.

El rey tenía en el palacio a un anciano sirviente que también había atendido a su padre; cuando la madre del rey murió, ese viejo había cuidado de él. Desde entonces, el rey lo trataba como si fuera de la familia y le tenía un gran respeto.

El monarca decidió consultar también a su anciano protector y lo hizo partícipe de su deseo. El hombre lo escuchó atentamente y le dijo con tono pausado:

—Majestad, no soy un sabio, ni un erudito, ni un académico, pero conozco el mensaje. Durante mi larga vida en el palacio he tratado con todo tipo de gente y en una ocasión conocí a un místico; era invitado de tu padre y yo estuve a su servicio; cuando se despidió del palacio, como gesto de agradecimiento, me dio unas monedas y este mensaje.

El viejo escribió algo en un diminuto papel, lo dobló y luego pidió al rey el anillo, abrió el pequeño compartimiento bajo el diamante, guardó el mensaje y le dijo al rey:

–Ábrelo sólo cuando sientas que todo está perdido, que no tienes solución al suceso que te agobia, que no tienes escapatoria alguna, que no hay salida posible, que tu vida está en peligro.

Ese momento no tardó en llegar. El país fue invadido por tropas enemigas; el rey tuvo que abandonar su reino y escapar huyendo en su caballo para salvar su vida, mientras sus enemigos lo perseguían.

El soberano cabalgaba a todo galope, desesperado y temeroso, cuando se vio de pronto al final del camino, al borde de un precipicio. En su desesperación, pensó que su fin había llegado, que no tenía escapatoria y que sería muerto por sus adversarios.

Cuando trataba de dominar su cabalgadura, vio cómo los rayos del sol resplandecían en el diamante de su anillo y pensó que ese era el momento de conocer el mensaje que el viejo sirviente le había confiado. Abrió el anillo, sacó el pequeño papel que contenía el mensaje y sólo encontró estas palabras: "Esto también pasará."

Mientras el rey repasaba una y otra vez aquellas palabras, sintió un gran silencio en su entorno, buscó con la vista a sus enemigos y no los encontró; nunca supo si se perdieron en el bosque, si abandonaron la persecución o se los tragó la tierra, pero él se sintió libre. Guardó de nuevo el mensaje en su anillo y buscó refugio en algún lugar; mientras, sentía en su corazón una profunda gratitud hacia su sirviente por haberle dado ese milagroso mensaje.

El tiempo pasó, el rey logró reunir a sus soldados y reconquistar su trono. Después de la batalla, entró victorioso en la capital de su reino, en medio de los vítores de sus súbditos, de laureles, música y aclamaciones. Mientras desfilaba en un carruaje abierto rumbo al palacio, reflejaba en su rostro el placer y el orgullo por la victoria.

Sentado junto a él en el carruaje, iba el anciano sirviente, quien en medio de la euforia le susurró al monarca en el oído:

—Creo que este es un gran momento para que saques el mensaje de tu anillo y vuelvas a leerlo.

—¿Por qué ahora? —replicó el rey—. Estoy celebrando mi victoria, me siento feliz, la gente me aclama, ya no estoy al borde de un precipicio; además, ya no me acuerdo de lo que dice el papel.

—Precisamente por eso —advirtió el anciano—.

Ese mensaje fue escrito para ser efectivo no solamente en situaciones apremiantes; también es muy valioso para que lo tengas en mente cuando la vida, como ahora, te es placentera y llena de felicidad, cuando todos tus súbditos te aclaman y te veneran; cuando te crees invencible.

Receloso, ofreciendo una mirada de reproche a su sirviente, su majestad abrió el anillo y volvió a leer el mensaje: "Esto también pasará". Entre toda aquella algarabía, el rey sintió de nueva cuenta el silencio y la paz que llenaron su corazón cuando se sintió libre, y entendió entonces el verdadero contenido del mensaje. Su orgullo e incipiente prepotencia salieron de su alma y se sintió iluminado.

Complacido, el anciano sirviente repasaba en su pensamiento: "Debemos recordar siempre que todo pasa. Como el día y la noche, nada es permanente. Hay alegrías y también tristezas, y debemos aceptarlas como parte de la dualidad de la naturaleza, porque son la naturaleza misma de las cosas."

Después de meditar en esta preciosa historia, es necesario concluir que, lo queramos o no, todo pasa. Por más que nos preocupemos, lo que ha de suceder, sucederá. Es bueno prever, pero no ser rehenes de pensamientos y temores de un futuro incierto. En estos casos, la paciencia y la confianza juegan un papel muy importante. ¡Ánimo, que la vida sigue!

Celebremos la vida

No tiene sentido la vida, si no es por la muerte...

n querido amigo dominicano, llamado Freddy Ginebra, me compartió estas palabras: "Lo que le da sentido a la vida es la presencia de la muerte". Claro que al principio no me gustó la frase. Por naturaleza, muchos tememos a la muerte y no tanto a ésta, sino al momento o a la forma en que suceda.

He aprendido de mi amigo Freddy lo importante que es amar la vida y homenajear a los amigos en vida; el hacer sentir bien e importante a la gente que te rodea; el poner entusiasmo y alegría donde te encuentres.

Se me grabó tanto su frase que la he meditado con frecuencia. He concluido que es una gran verdad. Que lo que verdaderamente le da sentido a la vida es que tiene un final.

Los mexicanos homenajeamos a la muerte, nos reímos y hasta la ridiculizamos en ciertas festividades, pero en el fondo muchos le tememos. ¿Por qué? Por la incertidumbre que conlleva. Aun con nuestras creencias religiosas no nos convencemos que después viene la verdadera vida y que será eterna, como Él lo prometió.

Tememos a la muerte por la forma inesperada en que generalmente llega. Por los acercamientos que hemos tenido a ella, y que nos han dolido mucho.

En alguna parte leí: "Cuando alguien muere, no lloras por el muerto, sino por ti", es verdad. Lloras porque te dejó; porque no le expresaste todo lo que hubieras querido, por su ausencia; por lo mucho que lo amaste y por lo mucho que lo necesitas.

Quienes hemos perdido a un ser querido, recordamos lo valioso e importante que era para nosotros. Recordamos generalmente los momentos buenos e importantes que vivimos con esa persona y que durante su existencia no los valoramos.

Es verdad que nada es para siempre, pero lo olvidamos. No tenemos en mente hacer homenajes o reconocimientos continuos en vida a quienes han dejado huella en nuestra existencia. Olvidamos decir un "te quiero" o hacer una llamada que nos permita tener presentes a quienes estimamos.

Recuerdo con cariño y vehemencia un hecho que me conmovió profundamente. En uno de los viajes de trabajo conocí a dos hermanas que me impresionaron por su cariño fraternal fuera de serie. Se profesaban una amistad profunda, demostraban tener un pleno conocimiento de los sentimientos de una para la otra. En todo se parecían, hasta en sus risas alegres y contagiosas, que tanto me gustaron.

Les pregunté que si siempre eran así y me contestaron que desde muy pequeñas siempre fueron las grandes amigas. Siempre compartieron todo: alegrías, asombros, penas, anhelos y recuerdos en una constante comunicación.

Ambas compartían su felicidad con sus esposos y sus hijos. Los hijos de ambas eran primos que se procuraban un cariño entrañable, a semejanza de lo que veían en sus madres. Unas hermanas dignas de imitarse.

Unos días después de que las conocí, una de ellas sufrió un fatal accidente y murió. No se imaginan cómo me impresioné cuando me enteré de la noticia. Pero más conmovido me sentí, cuando llamé a la hermana que sufría tan terrible pena, para darle mis condolencias.

Ella me dijo textualmente: "César, es un dolor inmenso el que siento por la muerte de mi hermana. Es algo que no le deseo a nadie. Pero he decidido sufrir su ausencia con alegría, ya que era el don que más admiraba en ella. Su alegría era parte de mi vida y de la de todos y en homenaje a su vida, he decidido recordarla siempre así, como ella era."

No cabe duda de que no es lo que se sufre, sino cómo se sufre lo que hace la diferencia.

Yo te pregunto a ti que estás leyendo este libro: ¿tienes un sufrimiento en este momento? ¿Extrañas a un ser querido que ya no existe?

¿Estas viviendo alguna decepción amorosa? El trabajo que tanto querías y valorabas ¿fue otorgado a otra persona? Es cierto que las separaciones siempre son dolorosas. Pero, ¿por qué no decides tú la forma de cómo sufrir? ¿Por qué no agregas en el repertorio del sufrimiento y las lamentaciones el sufrir también con alegría? De esta forma, dejaremos varios testimonios valiosos:

○ 1. Damos un ejemplo a quienes amamos de lo que es tener fe en la adversidad. ¡Aunque estés actuando! No puedo hacer nada en este momento, lo que sí puedo es dar ejemplo a quienes me están observando sobre lo que es la entereza en los momentos difíciles.

2. Por la influencia que tiene el subconsciente. Al agregar algo de alegría durante el proceso de dolor, le envío un mensaje de tranquilidad a mi subconsciente, y como el subconsciente todo se cree, se traduce verdaderamente en eso: en una sensación de calma y bienestar.

3. Doy testimonio del amor de Dios en mi vida. No hay nada que le agrade más a Dios, que dejar nuestras preocupaciones y nuestras aflicciones en sus manos. Él prometió reconfortarnos.

Intenta agregar la alegría y la sonrisa a tus tiempos difíciles. Te prometo que ayuda, porque tú eres el único que decide la forma de tu sufrimiento. Como dice mi amigo Freddy, la vida es y debería ser una eterna celebración.

En algún lugar leí esto: "Celebremos nuestra vida. Amemos y vivamos de tal manera, que al final de ella, hasta el personal de la funeraria llore nuestra ausencia."

"No me quieras cambiar. Siempre he sido así"

¿Te resulta familiar?

Estoy seguro que sí. Se escucha con frecuencia, sobre todo entre los matrimonios, en donde el cambio es el factor fundamental para el proceso de adaptación con la pareja. Nos resistimos a cambiar por dos poderosas razones: por defender la comodidad de seguir siendo como hemos sido, y por el temor que representan lo nuevo y lo desconocido.

El ser humano es cambiante por naturaleza; sin embargo, en ocasiones nos oponemos a modificar nuestra manera de ser, y eso ocasiona un atraso o un retroceso, no sólo para quien se opone al cambio, sino para quienes conviven con esa persona. Es egoísta quien exige un cambio en alguien, pero no está dispuesto a experimentar en él cambio alguno. Respóndete la siguiente pregunta: ¿haz modificado tus hábitos o costumbres a petición de la persona o personas con quienes compartes tu vida?

Cuando nos hacen esta pregunta, lo más cómodo es contestar que sí, para evitar entrar en confrontaciones. Pero, en realidad, en la mayoría de los casos, la respuesta sería no. Deberíamos entender que el cambio de hábitos y costumbres es a veces conveniente, porque forja nuestra personalidad.

Una persona rutinaria, presa de sus malos hábitos y usanzas, que no acepta cambiar sus modos, es candidato seguro para vivir el proceso de envejecimiento prematuro –del que ya hablamos–, y para no experimentar nuevas emociones ni experiencias.

Algunos empleados de las diferentes empresas para las que trabajo, me han expresado, en son de queja, las molestias que les causan los constantes cambios que la empresa lleva a cabo en diversas épocas del año. Yo les he contestado:

"Muchachos, preocúpense cuando vean que su empresa no cambia. Significa que está agonizando."

Quiero compartir con ustedes, un razonamiento que hice con base en las experiencias vividas en seminarios que he impartido. En esas reuniones les pido a los participantes que relaten algo acerca de personas que ellos admiran en su vida, en su trabajo o en su comunidad. Este ejercicio nos permite conocer los hábitos y costumbres que esas personas tienen o tenían y que lograron impactarlos al punto de sentir admiración por ellas. Es una dinámica muy emotiva, en la que cada miembro del grupo expone las razones de por qué determinada persona les parece admirable.

Este razonamiento que hice puede causar polémica, pero yo me siento seguro de lo que afirmo: "La gente admira más a quien era malo y cambió a bueno, que a quien siempre ha sido bueno."

Se puede pensar que este juicio no es justo para quien siempre se ha esforzado por tener una buena conducta en todos los aspectos. Sin embargo, la gente recuerda, reconoce y habla más de quienes, después de un mal pasado, han cambiado para bien.

No justifico la maldad de ninguna manera, ni juzgo las razones por las que la vida orilló a cierta persona a cometer errores. Me atrevo a sostener ese razonamiento, basado en las múltiples historias de personas que cayeron en pozos profundos de depresión, alcoholismo, drogadicción, agresividad crónica y otros vicios, y un día decidieron cambiar, salir de esa terrible situación y buscar la superación.

Quienes cometen graves faltas y crímenes contra la moral y la dignidad de otros seres humanos, no creo que pasen la prueba por más obras buenas que hagan para justificarse.

John Maxwell dice que la gente cambia por tres razones:

- **1.** Sufren tanto que tienen que hacerlo.
- **2.** Aprenden lo suficiente, que desean hacerlo.
- **3.** Reciben tanto que están en condiciones de hacerlo.

Cuánto sufrimiento tendrá que experimentar una persona para que, agobiado al máximo, aniquiladas sus fortalezas y pisoteada su autoestima, decida parar.

Mucho habrá sufrido hasta haber tocado fondo, para que reaccione ante las terribles consecuencias de sus vicios y decida cambiar el derrotero de su vida.

Hay quienes, con base en los golpes de la vida y las amargas experiencias derivadas de su conducta errónea, aprendieron que la vida tiene otro sentido más amable; intentaron alguna vez salir a flote, pero, humanos al fin, cayeron de nuevo; reaccionaron una y otra vez y tuvieron tiempo de valorar sus actos y discernir entre lo que estaba mal y lo que estaba bien y, con mucho esfuerzo, con férrea voluntad, con muchos sacrificios, lograron erradicar sus vicios hasta lograr liberarse y encauzar su vida por senderos limpios.

Los que encajan en la tercera razón de Maxwell son quienes, por circunstancias adversas en su vida, se ven impedidos de cambiar sus hábitos y, al librarse de ellos por el consejo, el apoyo y la enseñanza que reciben, pueden ir modificando sus modos hacia el lado positivo.

Se dan cuenta y comprenden todo lo bueno que les da la vida, lo valioso de la salud, las bondades de la educación, la atención de la familia, la lealtad de los amigos, la buena aplicación del dinero y se dan cuenta que vale la pena despojarse de todo el pesado lastre de los vicios y los malos hábitos, para disfrutar de una vida limpia y sana.

He conocido historias de personas que lograron cambiar su vida a pesar de haber estado hundidas en la fosa de las adicciones y las maldades, rompiendo las cadenas de la desesperanza, venciendo la acechanza de las tentaciones.

La necesidad de un cambio en nuestra vida, aunque a veces representa un reto que no deseamos afrontar, debe verse como una puerta que se abre hacia promisorios horizontes.

Deseo, de todo corazón, que el cambio para bien sea parte de tu vida, las veces que sea necesario; cambio para ser mejores, para aspirar a una superior calidad de vida, para tener agradables relaciones interpersonales, ¡para ser más felices!

La vida se compone de una inmensa cadena de hábitos, buenos y malos. Los hábitos buenos te harán crecer como persona, ¡no los pierdas! Los hábitos dañinos acaban con la esencia de tu ser, ¡deséchalos! Llena tu vida con amor, ánimo y armonía y desparrama estas bondades a donde sea que vayas; verás que la vida te devuelve con creces lo que siembras.

Para que el pasado no me atormente

No puedo regresar el tiempo, pero algo aprendí de él

"¿**P**or qué dije eso?"; "¡qué torpe decisión!"; "no debí aceptar esa invitación"; "¡qué metida de pata di!"; "debí dedicarle más tiempo". Frases y afirmaciones como éstas nos atormentan frecuentemente, cuando nos damos cuenta de haber cometido algún error con nuestras acciones o decisiones, y quisiéramos anularlo.

Sin embargo, el pasado es irreversible; es imposible hacerlo volver para llenarlo de enmiendas.

Las decisiones que tomamos o los hechos que ocasionamos, para o en contra de nuestra satisfacción, fueron actos que, en su momento, creímos correctos; les dimos cabida en circunstancias en las que la razón fue sometida por la pasión y ahora afectan nuestra paz interior.

Cuando nuestra mente emocional actúa más que la racional, nos orilla a tomar decisiones precipitadas y equivocadas, colmadas quizá de muchos sentimientos, pero de poca racionalidad.

Sufrimos y nos martirizamos por haber dicho o haber hecho algo que no debimos; se nos va el sueño queriendo enmudecer la palabra que dijimos, o borrar el momento que vivimos. Quisiéramos regresar el rollo para corregir cierta parte de la película de nuestra vida; cambiar a ciertos "actores" y cortar escenas que trastocan nuestra tranquilidad.

Las decisiones que tomamos nos afectan para bien o para mal; en un instante podemos modificar radicalmente los acontecimientos, por efecto de una decisión. Recuerdo la frase de una película: "No son tus habilidades las que definen lo que eres, son tus decisiones."

Inteligencia y habilidades influyen en nuestra forma de ser, pero nuestras decisiones nos impactan de diversas formas, positivas y negativas. Una decisión bien tomada nos llena de satisfacción; una mala decisión nos angustia, nos preocupa y nos desalienta, a menos que tengamos muy bien cimbrado el hábito de controlar nuestros sentimientos.

Sea cual fuere el resultado, es mejor tomar decisiones que dejarnos llevar por la corriente. En cuanto a los errores por una mala decisión, muchas veces los hacemos más grandes de lo que son y les damos más importancia de la que tienen.

Permíteme recomendarte una técnica que he aplicado durante los últimos años para que el pasado no te atormente. Sólo debes plantearte una pregunta simple para que el pasado no te agobie o para que te ayude a tener menos consecuencias en el futuro. La pregunta es: ¿qué aprendí?

Sí. ¿Qué aprendiste con esa experiencia? ¿Qué te dejó haber dicho o haber hecho lo que no debiste? Pregúntate qué recibiste a cambio del tiempo que no dedicaste a tu familia, a esa persona que tanto vale para ti, o a determinada actividad.

¿Cuál será el aprendizaje, por ejemplo, de quien tuvo una infancia difícil, plagada de violencia física o verbal y/o ese otro tipo de agresividad que tanto daño hace: la indiferencia, terribles extremos de la agresión? Mucho tuvo que haber aprendido en carne propia para hacerse una persona de bien, para normar sus actos y para tomar decisiones sabias y oportunas. Es decir, tratar de no cometer los errores que con él cometieron.

¿Qué aprendemos de los errores cometidos? Cuando menos, aprendemos a tratar de no tropezarnos con la misma piedra, a no repetir las mismas fallas, a no caer en los mismos abismos, a no heredar nuestros propios pecados. Es frecuente que un hijo que sufrió golpes de sus padres tienda a ser un padre golpeador; o, si sus padres lo trataron con indiferencia, se convierta en un marido y un padre apático.

Cuando trates de encontrar algo que te ayude a superar los errores cometidos, pregúntate: ¿qué aprendí? Afronta y analiza las consecuencias de esos actos, los problemas que te causaron, la tranquilidad que te robaron, y adopta las medidas para no volver a cometerlos.

La vida es un cúmulo de aprendizajes; recíbelos, aprovéchalos. ¿Aprendiste algo? ¡Ganaste algo!

E. Hubbard dijo: "Un fracasado es un hombre que ha cometido un error y no es capaz de convertirlo en experiencia."

Al final de los tiempos... la vida sigue

La muerte es sólo un paso más que tenemos que dar...

El concepto de la muerte ha sido, es y será un enigma, independientemente de lo que creamos o no que hay más allá de ella. Es un paso, una transición a la que todos estaremos sometidos.

Hay un cierto temor a la muerte que no deberíamos experimentar si estamos seguros de que esta vida es breve y transitoria. La muerte es un paso, el último sobre esta vida; después de ella, vendrá lo eterno, la verdadera vida. Ese razonamiento debe mantenernos constantemente motivados.

La muerte es un proceso natural y, desde ahora, es conveniente prepararnos para aceptar ese gran paso, tanto de nosotros mismos, como de los seres que más amamos. Sabemos que nuestro cuerpo ha sido sólo un receptáculo del alma y que ésta volverá a manos de su Creador para su inmortalidad.

En vano nos preocupamos y nos desvivimos por dar prioridad a los bienes terrenales y damos poca importancia a los tesoros del espíritu. Esto me recuerda las palabras que escuché de un conferencista que, al hablar del tema, preguntó a la audiencia: ¿Cuándo han visto una carroza fúnebre, seguida por un camión de mudanzas? Se refería, obviamente, a que, en ningún caso, va un camión detrás del difunto transportando sus pertenencias.

Nada nos llevaremos; y lo que dejaremos y nos mantendrá vivos será el cúmulo de recuerdos de nuestras acciones, de palabras de aliento que dimos en determinada situación, de muestras de fortaleza que tuvimos ante el dolor, y de momentos felices que ofrecimos a los que nos rodearon.

Con el afán de alcanzar niveles económicos superiores y atesorar bienes materiales y, de paso, dejar un legado material a nuestros hijos, nos olvidamos de "vivir", de darle un sentido espiritual y valioso a nuestra vida.

No he encontrado mejor forma de trascender que a través del amor. La gente podrá olvidar lo que le dices, pero nunca olvidará cómo la hiciste sentir.

Hagamos de la vida un verdadero acontecimiento y una alegre celebración, para que el gran final tenga sentido y nos presentemos ante el Creador con saldo a favor. No olvidemos que la muerte tiene sentido por lo que viene después de ella.

El teólogo inglés, Thomas Chalmers, escribió: "La dicha de la vida consiste en tener siempre algo que hacer, alguien a quien amar y alguna cosa por esperar."

La siguiente es una anécdota que alguien me compartió y me hizo reflexionar sobre este tema:

> A una mujer se le diagnosticó una enfermedad terminal y ella, con enorme actitud positiva, se dispuso a planear su muerte:
>
> La misa, las lecturas que el sacerdote compartiría, la ropa que usaría en el ataúd y algo más: deseaba que la sepultaran con una cuchara en la mano.

Cuando se le preguntó la razón de ese deseo, ella dijo que le agradaba ir a banquetes en los que, al terminar el plato fuerte, el mesero le pedía que se quedara con la cuchara, pues eso significaba que vendría el postre.

A la mujer le encantaba el postre. Algún rico pastel, un helado, un gran final; por ello deseaba que la sepultaran con una cuchara en la mano, para que, cuando la gente la viera, se preguntara por qué y alguien explicara que ella estaba convencida de que lo bueno estaba apenas por venir.

Admitir la realidad nos fortalece; aceptar que esta etapa terrenal tendrá un fin significa que estamos fortalecidos ante el temor y el dolor que la muerte causa. El prestigioso psicólogo Carl Jung señaló en uno de sus libros que muchos de sus pacientes sufrían por algo que definió como "falta de humildad", y que no se curaban sino hasta que tomaban una actitud de respeto y aceptación de una realidad más grande que ellos, es decir, una actitud de humildad.

Creernos autosuficientes, orgullosos y no aceptar nuestra fragilidad y nuestros propios límites nos hace sufrir ante un evento inminente. Todos, por naturaleza, queremos sentirnos fuertes y poderosos, capaces de solucionar infinidad de pendientes, olvidándonos de que somos seres vulnerables, de que la vida es un episodio que tendrá final, de que la muerte es un proceso que tarde que temprano llegará y de que, mientras tanto, es nuestra obligación y responsabilidad ser felices y dar amor a quienes nos rodean.

No seamos uno más en el mundo. Dejemos huella por nuestras buenas acciones y por haber dado amor, mucho amor...

¡Despierta!... que la vida sigue, ¡lo mejor está por llegar!